C.H.BECK WISSEN

Walther Sallaberger stellt mit dem Gilgamesch-Epos ein Hauptwerk der Weltliteratur vor, das von den Grundfragen des menschlichen Daseins handelt. In einer allgemeinverständlichen Einführung erläutert er den Mythos des Königs Gilgamesch von Uruk und bietet vor dem Hintergrund der Traditionen zu Gilgamesch, die sich über zweieinhalb Jahrtausende verfolgen lassen, einen anregenden Überblick über Geistesgeschichte, Literatur und Kultur Mesopotamiens.

Walther Sallaberger lehrt als Professor für Assyriologie an der Ludwig-Maximilians-Universität München.

Walther Sallaberger

DAS GILGAMESCH-EPOS

Mythos, Werk und Tradition

C.H.Beck

Mit einer Karte

1. Auflage. 2008
2., durchgesehene und aktualisierte Auflage. 2013

3., durchgesehene und aktualisierte Auflage. 2024
Originalausgabe

www.chbeck.de
Reihengestaltung Umschlag: Uwe Göbel (Original 1995, mit Logo), Marion Blomeyer (Überarbeitung 2018)
Umschlagabbildung: Tonmaske Humbabas, des «Wächters des Zedernwaldes», 18.–16. Jh. v. Chr., British Museum, London © akg-images/Erich Lessing
Satz: Fotosatz Amann, Memmingen
Druck und Bindung: Druckerei C.H.Beck, Nördlingen
Printed in Germany
ISBN 978 3 406 81016 9

myclimate

verantwortungsbewusst produziert
www.chbeck.de/nachhaltig

Inhalt

Hinweise zum Gebrauch

Die Textsiglen folgen George (2003); zu den Kürzeln der Gilgamesch-Texte s. S. 80–82. Bibliografische Angaben s. S. 126.

I 1 usw. Zitate des jungbabylonischen Gilgamesch-Textes nach Tafel und Zeile nach George (2003); dort SB I 1 usw.

( ) Erläuternde Zusätze in der Übersetzung

[ ] Text nicht erhalten, zum Teil konnte nach Parallelen oder frei ergänzt werden

Kursivtext in Übersetzungen deutet an, dass die Übersetzung sehr unsicher ist (wegen der Ergänzung fehlenden Textes oder wegen grammatikalischer oder lexikalischer Probleme).

Außer in akkadischen und sumerischen Zitaten ist die Umschrift der Namen der deutschen Orthografie angeglichen, es steht einzig h statt ch am Wortanfang, also Humbaba/Huwawa statt Chumbaba/Chuwawa wie bei Maul (2005), Utuhengal statt Utuchengal, Atrahasis usw.

Alle Daten (außer in bibliografischen Angaben und der Wissenschaftsgeschichte) verstehen sich als «v. Chr.»

Die Daten folgen für die Zeit vor 1500 v. Chr. der sogenannten ‹Mittleren Chronologie› (Hammurapi 1792–1750).

Vorwort

Das Gilgamesch-Epos ist der weitaus bekannteste Text aus dem Alten Orient, und diese Bedeutung hat es mit vollem Recht erlangt. Kein anderer Stoff wurde dort so intensiv und so lange bearbeitet: Ein Jahrtausend nach den ersten sumerischen Epen entstand wohl im 11. Jahrhundert v. Chr. die kanonische jungbabylonische Fassung, die wir heute als das Gilgamesch-Epos bezeichnen, ein Werk, das in Mesopotamien ein weiteres Jahrtausend tradiert wurde. Allein dem Umfang nach übertrifft das Gilgamesch-Epos alle anderen babylonischen Literaturwerke, es ragt aufgrund seiner literarischen Dichte und Qualität heraus. Auch das Thema ist einzigartig: Der Held Gilgamesch sucht die Grenzen seines Daseins zu erkunden und sie zu sprengen, den Tod zu überwinden. Das Gilgamesch-Epos ist die einzige große babylonische Erzählung, die den Menschen und sein Wesen in den Mittelpunkt stellt: Es geht um seine Erfahrungen, sein Leiden und das Wissen um den Tod, um die Rolle des Menschen in der Gesellschaft. So berührt dieser alte Text über den Menschen jeden, auch den heutigen Menschen.

Als Stefan von der Lahr vom Verlag C.H.Beck anfragte, das Gilgamesch-Epos in der Serie über große Werke der Weltliteratur vorzustellen, bin ich dem gerne nachgekommen, eröffnete sich doch so die Möglichkeit, anhand des größten Textes eine Einführung in die Literatur und die Geistesgeschichte Mesopotamiens zu bieten, die vom frühen dritten Jahrtausend bis ins späte 2. Jahrhundert v. Chr. reicht. In den historischen Einführungen muss dieses Thema aber immer zu kurz kommen. Ziel dieses Buches ist es eher, Grundzüge und Eigenheiten der altorientalischen Schriftkultur darzustellen, nicht aber eine textimmanente Deutung des Gilgamesch-Epos zu erarbeiten oder ausführlich Fragen der Forschung zu diskutieren. Man sollte den Band lesen können, ohne eine Bearbeitung des Gilgamesch-Epos neben sich liegen zu haben.

Wie jeder Beitrag zu Gilgamesch ist auch dieser der exemplarischen Edition der akkadischen Gilgamesch-Texte von A. R. George (2003) verpflichtet, der über die philologische Bearbeitung hinaus viele Themen in den Kommentaren und Einführungen behandelt. Auch aus der umfangreichen Literatur zu Gilgamesch hätte noch sehr viel mehr präsentiert werden können, doch mussten aufgrund der gebotenen Konzentration auf die Grundlagen oft selbst Andeutungen entfallen. Es ist zu hoffen, dass so der Einstieg in die Gilgamesch-Diskussion und die faszinierende Welt des altorientalischen Schrifttums erleichtert wird.

Die vorliegende Einführung beruht wesentlich auf Vorträgen, Vorlesungen und Seminaren zur akkadischen und sumerischen Literatur und zu Gilgamesch in München, Venedig und Verona. Die Erfahrungen in der Lehre bestimmten auch die Perspektive und die Auswahl der behandelten Themen. Für eine kritische Lektüre des Manuskripts und ihre Hinweise bin ich Anne Löhnert, Stefan M. Maul, Martin Sexl, Michael Streck und Sandra Zerbin, für die verlegerische Betreuung Stefan von der Lahr zu Dank verpflichtet.

Prägend für die Begegnung mit Gilgamesch waren die Vorlesung und die Seminare zu diesem Thema von Dietz Otto Edzard (1930–2004) in München. Mit Gewinn konnte ich auch die Manuskripte aus seinem Nachlass durchsehen. Durch sein Beispiel lehrte er seine Schüler, unvoreingenommen auf vertraute Texte zu blicken und dem nur scheinbar Selbstverständlichen nachzugehen. Seinem Andenken sei als bescheidenes Zeichen des Dankes dieses Buch gewidmet.

1. Die jungbabylonische ‹Serie von Gilgamesch›: Inhaltsangabe

Die Überlieferung von Gilgamesch beginnt im dritten Jahrtausend. Aber in seiner letzten und am besten erhaltenen Fassung ist das Gilgamesch-Epos mit dem Autor Sin-leqi-unninni verbunden, der wohl um das 11. Jahrhundert den alten Text überarbeitete. Er bediente sich der Literatursprache Mesopotamiens, des sogenannten ‹Jungbabylonischen› (englisch *Standard Babylonian*). Sein Text wurde zum verbindlichen, ‹kanonischen› Text und praktisch unverändert ein Jahrtausend lang in Mesopotamien gelesen und kopiert. Die wichtigsten Manuskripte bilden nach wie vor Tontafeln aus der Palastbibliothek von Assurbanipal (668–627?) in Ninive. Man spricht deshalb nach der Sprache von der ‹jungbabylonischen›, nach der Texttradition von der ‹kanonischen› Fassung, nach dem Hauptfundort von der ‹ninivitischen› Fassung und nach dem Umfang vom ‹Zwölftafelepos› (oder ‹Elftafelepos›).

Die zugrunde liegende Handlung ist rasch wiedergegeben: Gilgamesch, der sagenhafte König von Uruk, unterdrückt sein Volk, woraufhin die Götter Enkidu als Gegenspieler erschaffen. Enkidu kommt aus der Steppe in die Stadt; er und Gilgamesch werden unzertrennliche Freunde. Gemeinsam wagen sie die Fahrt in den Zedernwald, wo sie dessen dämonischen Wächter Humbaba erschlagen. Zurück in Uruk erlegen sie den von der beleidigten Göttin Ischtar gesandten Himmelsstier. Doch Enkidu muss sterben. Angesichts der Unausweichlichkeit des Todes bricht Gilgamesch auf, das ewige Leben zu suchen. Er gelangt ans Ende der Welt zu Utnapischti, der ihm von der Sintflut berichtet. Erfüllt mit dem Wissen um den Platz des Menschen im Kosmos kehrt Gilgamesch nach Uruk zurück.

Die große Erzählung von Gilgamesch umfasst elf Tafeln; sie ist mit der Bezeichnung ‹Gilgamesch-Epos› gemeint. Um die *Serie von Gilgamesch* abzuschließen, wurde daran als zwölfte Tafel die Übersetzung einer sumerischen Gilgamesch-Erzählung angehängt. Die Schreiber Mesopotamiens folgten der vorgegebenen Einteilung in ‹Tafeln›, die mit der Gliederung eines Textes in Bücher, Kapitel oder Gesänge zu vergleichen ist. In der folgenden Inhaltsangabe werden den Tafeln zur besseren Orientierung moderne Titel beigegeben, einige Zeilen am Anfang und Ende sind jeweils wörtlich zitiert.

Tafel I: Die Protagonisten: Gilgamesch in Uruk und Enkidu in der Steppe

I 1 Der die Tiefe sah, das Fundament des Landes,
I 2 der [die Wege] kennt, alles erfahren hat,
I 3 Gilgamesch, der die Tiefe sah, das Fundament des Landes,
I 4 der [die Wege] kennt, alles erfahren hat, …

Gilgamesch, der Weise, der alles gesehen hat, hat seine «Mühsal» in einer «Steleninschrift» festgehalten (I 10), er hat die Stadt Uruk und ihre Mauer erbaut. Der Leser wird aufgefordert, diese Mauer zu besteigen: «Steig hinauf auf die Mauer von Uruk, geh herum!» (I 18), um dort die Inschrift zu lesen (I 27 f.). Gilgamesch, der Starke, der König von göttlicher Herkunft, wird gepriesen (I 29–62). Die Erzählung beginnt damit, dass Gilgamesch die Bewohner von Uruk unterdrückt und die Frauen der Stadt die Götter um Hilfe anrufen (I 63–78). Auf Anordnung des Himmelsgottes Anu erschafft die Muttergöttin aus Ton einen Widerpart: Enkidu, der in der Steppe mit den Tieren aufwächst (I 79–110). Ein Jäger beobachtet ihn voller Angst an der Wasserstelle und erzählt seinem Vater von dem wilden Gesellen, der die Tiere vor den Fallen beschützt (I 111–133). Der Vater rät ihm, nach Uruk zu Gilgamesch zu gehen, damit ihm dieser die Dirne Schamchat («die Üppige») gebe, die Enkidu seinen Tieren entfremde (I 134–145). Der Jäger geht nach Uruk, berichtet Gilgamesch das Gesehene, und dieser vertraut ihm Schamchat an (I 146–166). An der Wasserstelle instruiert der

Jäger Schamchat, die sich, wie ihr geheißen, vor Enkidu entblößt (I 167–193). Sechs Tage und sieben Nächte verbringt Enkidu mit Schamchat. Als er sich erhebt, fliehen die Tiere vor ihm (I 194–202). Die Dirne fordert ihn auf, nach Uruk zu kommen, wo Gilgamesch herrscht, und Enkidu stellt sich auf einen Kampf ein (I 203–214). Schamchat preist Uruk und den Götterliebling Gilgamesch (I 215–243). Er habe schon von Enkidu geträumt: Als «Brocken des Himmels» und als Axt habe er ihn gesehen; seine Mutter Ninsun habe den Traum gedeutet und Gilgamesch freue sich auf den «Freund» (I 244–296).

I 297 [Nachdem] Schamchat die Träume Gilgameschs dem Enkidu erzählt hatte,
I 298 gaben sie einander der Liebe hin.

Tafel II: Die Ankunft von Enkidu

II 1 Enkidu saß vor ihr [...] (Lücke von etwa 25 Zeilen)

Schamchat und Enkidu gelangen zu den Hirten, wo Enkidu menschliche Nahrung, Brot und Bier, kennenlernt (II 36–51). Er beschützt die Herden, bis ein Hochzeitsgast eintrifft (II 59–64, dann Textlücke); nur in der altbabylonischen Fassung ist dessen Rede überliefert, dass Gilgamesch das Recht in Anspruch nehme, mit der Braut die erste Nacht zu verbringen. In Uruk kommt es zum Ringkampf zwischen Enkidu und Gilgamesch (II 100–115, dann wenige Reste). Wie dem altbabylonischen Text zu entnehmen ist, schließen die beiden Freundschaft. Gilgamesch stellt Enkidu seiner Mutter Ninsun vor; doch als dessen Herkunft aus der Steppe zur Sprache kommt, beginnt er zu weinen (II 162–169, Lücke, 174–181). Gilgamesch tröstet den Freund, und hier fällt zum ersten Mal der Name Humbaba (II 182–201, dann Textlücke). Enkidu kennt Humbaba, den dämonischen Wächter des Zedernwaldes, aus seiner Zeit in der Steppe, und er warnt Gilgamesch. Der will davon aber nichts wissen (II 216–242, danach wenige Reste). Gilgamesch berichtet den Männern von Uruk vom Zug gegen Humbaba, der mit einem prächtigen Fest schließen soll (II 260–271). Von Enkidu informiert warnen die Ältesten erneut vor den Gefahren Humbabas (II 272–301). Gilgameschs Reaktion ist nicht mehr erhalten, ebenso nicht die Schlusszeilen, die die Rede der Leute von Uruk einleiten.

Tafel III: Vorbereitungen für den Zug zum Zedernwald

III 1 «[Nähert euch wohlbehalten dem Hafen von] Uruk!
III 2 Vertraue nie, Gilgamesch, auf die Fülle deiner Kräfte!»

So beginnen die Ratschläge wohl der Alten von Uruk, die Gilgamesch dem Schutz von Enkidu anbefehlen (III 1–12). Gilgamesch informiert seine Mutter Ninsun, die in einem langen Gebet den Sonnengott Schamasch um Hilfe anfleht (III 13–119). Sie nimmt Enkidu als ihren Sohn an, er wird so Bruder von Gilgamesch (III 120–135, dann Textlücke). Gilgamesch beteuert seine Entschlossenheit, den gefährlichen Zug zu wagen (nach Textlücke III 202–211). Die Heerführer und die Männer unterstellen Gilgamesch dem Schutz von Enkidu mit den vom Beginn der Tafel bekannten Worten (III 212–227). Enkidus Rede ist nicht mehr erhalten (III 228–231, Schluss fehlt).

Tafel IV: Der Zug zum Zedernwald

IV 1 Bei zwanzig Meilen verzehrten sie die Wegzehrung,
IV 2 bei dreißig Meilen hielten sie Nachtruhe.
IV 3 Fünfzig Meilen gingen sie den ganzen Tag,
IV 4 den Weg von anderthalb Monaten am dritten Tag.
Sie näherten sich dem Libanon-Gebirge.

Fünfmal wird mit diesen Worten der Fortschritt der Reise beschrieben. Allabendlich graben sie einen Brunnen, und Gilgamesch bittet um einen Traum. Erschreckt fährt er in der Nacht hoch und schildert Enkidu seine Traumgesichte: einen stürzenden Berg im ersten, ein todbringendes Unwetter im dritten Traum; die anderen drei Träume sind in dieser Fassung nicht erhalten. Enkidu weiß die furchterregenden Zeichen zu deuten und so Gilgamesch zu beruhigen: Nach großer Gefahr wird Humbaba besiegt werden (IV 1–ca. 190). Außer kleinen Resten eines Dialogs bleibt der Schluss der Tafel unbekannt (Rekonstruktion George 2022).

Tafel V: Humbaba

V 1 Sie standen an der Grenze des Waldes,
V 2 mal blickten sie da auf der Zeder Höhe,
V 3 mal blickten sie da auf des Waldes Eingang;
V 4 wo Humbaba umherging, befand sich eine Trittspur.

Die beiden Helden betrachten den Wald mit den harzreichen Zedern, Vögel singen, die Affen trommeln dazu (V 1–26). Der Schatten der Zeder erschreckt Gilgamesch, auch Enkidu zaudert und sie sprechen sich Mut zu (V 27–52). Am Waldrand erblicken sie Humbaba; Enkidu rät seinem Freund, den Sonnengott Schamasch anzurufen (V 52–89). Gilgamesch erinnert den Gott an den versprochenen Schutz und Schamasch verrät, dass Humbaba gerade ungeschützt sei. Dieser tritt mit schrecklichem Gebrüll auf (V 90–106, dann kleine Lücke; durch ein 2014 erstmals publiziertes Manuskript ließ sich Tafel V weitgehend wiedergewinnen).

Humbaba beschimpft Enkidu, dass er als Wesen der Wildnis Gilgamesch hergeführt habe (V 115–124). Gilgamesch ist verängstigt, doch Enkidu feuert ihn an (V 125–142). Der heftige Kampf, bei dem die Helden in größte Gefahr geraten, wird dadurch entschieden, dass dreizehn von Schamasch geschickte Winde Humbaba festhalten. Flehentlich bittet er Gilgamesch um sein Leben und bietet ihm die Gefolgschaft an (V 143–177, danach lückenhaft). Als er aber Enkidu beleidigt, fordert dieser den raschen Tod des Dämons «bevor es der erste (Gott), Enlil, hört» (V 200; V 190–207, große Lücke). Humbaba gelingt es weiterhin, sich bei Gilgamesch gegen den ungestümen Enkidu zu verteidigen (V 249–275). Mit seinen letzten Worten verflucht er noch Enkidu, dann erschlagen ihn die Helden (V 278–292, Lücke bis V 300). Sie fällen eine mächtige Zeder, um daraus eine Tür für den Tempel Enlils zu verfertigen. Auf einem Floß fahren sie zurück den Euphrat hinab:

V 323 Enkidu fuhr [auf dem Floß ...],
V 324 doch Gilgamesch [...] das Haupt von Humbaba [...].

Tafel VI: Ischtar und der Himmelsstier

VI 1 Er wusch sich die Haare, putzte seine Ausrüstung,
VI 2 schüttelte seinen Haarschopf über seinen Rücken.
VI 3 Er legte das Schmutzige ab und zog sich dann sauber an,
VI 4 schlüpfte in die Gewänder, sich mit einer Binde gürtend,
VI 5 er, Gilgamesch, setzte sich die Krone auf.

Ischtar, die Stadtgöttin von Uruk und die Göttin der Liebe, erblickt den prächtigen Helden und bietet ihm die Heirat an (VI 6–21). Doch Gilgamesch traut dem Angebot nicht; er bezichtigt die Göttin ihrer Treulosigkeit und zählt ihr die von ihr verstoßenen früheren Liebhaber auf (VI 22–79). Wutentbrannt erbittet die Göttin von ihrem Vater Anu den Himmelsstier, um Gilgamesch zu zerschmettern, und entkräftet sogar den Vorbehalt, dass nicht genügend Futter bereitliege (VI 80–114). Der riesenhafte Stier wütet auf der Erde, doch Enkidu gelingt es, die Bestie am Schwanz festzuhalten, so dass Gilgamesch ihm den Todesstoß versetzen kann (VI 115–146). Dem Gott Schamasch opfern sie das Herz des Tieres; Enkidu aber schleudert noch drohend Ischtar die Hüfte nach. Gilgamesch stiftet die riesenhaften Hörner als prächtige Ölgefäße seinem Gott Lugalbanda (VI 147–166). Endlich kann nun das große Fest in Uruk zu Ehren von Gilgamesch gefeiert werden (VI 167–178). Doch in derselben Nacht kündigt sich das Unheil an:

VI 180 Es hatten sich hingelegt die Männer, die auf dem Nachtlager ruhten,
VI 181 es hatte sich auch Enkidu hingelegt, wobei er einen Traum erblickte.
VI 182 Enkidu erhob sich den Traum zu eröffnen,
VI 183 er sprach zu seinem Freund:

Tafel VII: Enkidu am Sterbebett

VII 1 «Mein Freund, warum beraten sich die großen Götter?»

Der Verlauf der Götterversammlung, in der Enkidus Tod bestimmt wird, ist nicht erhalten. Auf seinem Totenbett liegend verflucht Enkidu die Tür aus Zedernholz, die er Enlil geweiht hatte (VII 37–64). Gilgamesch versucht ihn zu trösten, doch Enkidu weiß, dass das Geschick nicht geändert werden kann (VII 65–89). Anderntags wendet sich Enkidu erst an Schamasch, dann verflucht er den Jäger und die Dirne, die ihn aus der Wildnis weggelockt hatten (VII 90–131). Schamasch greift ein und erinnert daran, dass die Dirne ihn zum Menschen gemacht habe und ihn Gilgamesch als Freund gewinnen ließ (VII 132–147). So wünscht Enkidu ihr nun ein gutes Geschick, das ihr die reichen Geschenke der Männer beschere (VII 148–161). Mit einem Mal erlangt Enkidu Klarheit und er gibt seinen letzten Traum wieder, eine Vision seines Todes und seines Eintritts in die Unterwelt (VII 162–210, Fortsetzung nicht erhalten). Vom zwölftägigen Todeskampf sind nur Reste erhalten (VII 251–267, Schluss fehlt).

Tafel VIII: Totenklage und Bestattung Enkidus

VIII 1 Als ein wenig des Morgens aufleuchtete,
VIII 2 [weinte] Gilgamesch um seinen Freund:

Gilgamesch wendet sich an die Wildnis und ihre Lebewesen, die Menschen, dann verkündet er seine Klage: sein Freund, seine Stütze, «die Axt an meiner Seite, meines Armes Zuversicht» (VIII 46), der, der Heldentaten mit ihm vollbracht hat, ist nicht mehr da (VIII 1–64). Gilgamesch beauftragt die Handwerker, eine Statue zu verfertigen, und legt den Toten auf eine Bahre (VIII 65–91). Aus seiner Schatzkammer sucht er Gaben für seinen Freund (VIII 92–133). Die für die Götter der Unterwelt bestimmten prächtigen Gaben werden Stück für Stück präsentiert (VIII 134–203, dann Textlücke). Für das Grab wird der Fluss aufgestaut (VIII 208–219, Schluss nicht erhalten).

Tafel IX: Die Reise ans Ende der Welt

IX 1 Gilgamesch – um Enkidu, seinen Freund,
IX 2 weinte er damals bitterlich und lief durch die Steppe.
IX 3 «Ich werde sterben und bin ich dann nicht wie Enkidu?
IX 4 Trübsal ist dann eingekehrt in mein Gemüt.
IX 5 Ich fürchtete den Tod und nun werde ich durch die Steppe laufen
IX 6 bis hin zu Utnapischti, dem Sohn des Ubar-Tutu. (...)»

Der Tod des Freundes bringt Gilgamesch dazu, das ewige Leben zu suchen (IX 1–24, dann Textlücke). Am «Zwillingsberg» erreicht er ein Paar von Skorpionmenschen, dämonischen Wächtern des Wegs der Sonne (IX 37–59, 75–90, 125–135 erhalten). Gilgamesch bewältigt den von den Skorpionmenschen vorausgesagten Weg von zwölf Meilen oder Doppelstunden durch den Tunnel in völliger Finsternis (IX 136–170). Dann erreicht er den Ort der Sonne, einen Garten von Edelsteinen (IX 171–176 und Reste 184–194).

IX 195 Gilgamesch, [...] als er umherging,
IX 196 da hob sie [ihren Kopf], um ihn zu betrachten.

Tafel X: Die Wasser des Todes

X 1 Schiduri war eine Brauerin, die unten am Meere wohnte,
X 2 sie wohnte da [...]

Schiduri beobachtet den abgekämpften Gilgamesch, der sich ihrer Hütte nähert, und verschanzt sich (X 1–28). Gilgamesch eröffnet ihr Anlass und Ziel seiner Reise (X 29–77). Schiduris Meinung nach ist es unmöglich, die Wasser des Todes zu überqueren, einzig der Sonnengott und der Schiffer Utnapischtis namens Urschanabi vermögen dies (X 78–91). Gilgamesch eilt an den Meeresstrand und zerschlägt die «Steinernen», die sonst die Überfahrt ermöglichen (X 92–108). Dem Schiffer Urschanabi berichtet er von Anlass und Ziel seiner Reise (X 109–154). Urschanabi beauftragt Gilgamesch, als Ersatz für die zerschlagenen «Steinernen» dreihundert lange Stakstangen herzustellen (X 155–168). Mit Hilfe der nur einmal zu benützenden Stangen kommen sie über die Wasser des Todes, doch für das letzte Stück muss Gilgamesch sein Gewand als Segel benutzen (X 169–183). Vom Ufer aus beobachtet Utnapischti das ungewöhnliche Gefährt (X 184–203). Gilgamesch begrüßt Utnapischti ehrerbietig und nennt auf dessen Frage Anlass und Ziel seiner Reise (X 204–264). Der weise Utnapischti belehrt Gilgamesch: Als König habe er sich der Verpflichtung seines Amtes zu stellen, das ihn über den einfachen Mann erhebe; die Abschnitte des Lebens kommen zu ihrer Zeit, auch der Tod, den die Götter festgesetzt haben (X 266–320):

X 321 Sie legten den Tod und das Leben fest,
X 322 gaben aber des Todes Zeitpunkt nicht bekannt!

Tafel XI: Die Erzählung von der Sintflut und Rückkehr nach Uruk

XI 1 Gilgamesch sprach zu ihm, zum fernen Utnapischti:
XI 2 «Ich betrachte dich, Utnapischti,
XI 3 doch deine Gestalt ist nicht anders, wie ich bist du. (...)»

Es folgt die Frage, wie Utnapischti das ewige Leben gefunden habe (XI 1–7). Utnapischti erzählt ihm sein Geheimnis: Der Weisheitsgott Ea habe ihm durch den Rohrzaun verraten, dass die Götter die Vernichtung der Menschheit in einer Sintflut planten. Er baute ein gewaltiges Boot, um alle Lebewesen und seine Familie aufzunehmen (XI 8–96). Die Flut brach los und wütete sechs Tage und sieben Nächte. Erst als der ausgesandte Rabe Boden fand, konnte Utnapischti das Boot verlassen (XI 97–156). Die Götter versammelten sich hungrig um sein Opfer und hielten Rat. Er selbst, Utnapischti, sei ans Ende der Welt entrückt worden und habe das ewige Leben erhalten (XI 157–206). «Aber nun, wer wird für dich die Götter versammeln?» (XI 207). Die Prüfung, sechs Tage und sieben Nächte ohne Schlaf zu bleiben, besteht Gilgamesch nicht (XI 208–246).

Utnapischti verbannt Urschanabi und übergibt ihm Gilgamesch. Diesem vertraut er noch den Standort eines Verjüngungskrauts am Meeresgrund an (XI 247–293). Doch eine Schlange schnappt sich das Kraut, und es gibt keinen Weg mehr zurück (XI 294–318). Bei ihrer Ankunft in Uruk spricht Gilgamesch zum Schiffer: «Steig hinauf auf die Mauer von Uruk, geh herum!» (XI 323), um die Stadt zu betrachten (XI 319–328).

XI 327 «(...) 1 *šāru* ist die Stadt, 1 *šāru* die Gärten, 1 *šāru* die Niederung, ein halbes *šāru* der Ischtar-Tempel:
XI 328 dreieinhalb *šāru* ist Uruk, das sind die Maße!»

Tafel XII: Aus *Gilgamesch, Enkidu und die Unterwelt*: die Regeln der Unterwelt

Die zwölfte Tafel der *Serie von Gilgamesch* ist eine Übersetzung des zweiten Teils des sumerischen Epos *Gilgamesch, Enkidu und die Unterwelt* (s. S. 65 f).

XII 1 «Hätte ich doch heute die Holzkugel im Haus des Tischlers gelassen!
XII 2 [Frau des Tischlers, die wie meine] leibliche [Mutter] ist, hätte ich sie [dort gelassen!]»

Die geliebten hölzernen Spielzeuge des Gilgamesch sind in die Unterwelt gefallen. Enkidu bietet sich an, sie heraufzuholen. Er missachtet dabei die nötigen Vorsichtsmaßnahmen und wird festgehalten. Als er noch einmal zu seinem Freund auf die Erde zurückkehren darf, berichtet er auf dessen Fragen vom Schicksal der Toten in der Unterwelt, zuletzt:

XII 152 «Dessen Totengeist keinen Versorger hat, sahst du den?» – «Ich sah ihn.
XII 153 Reste aus den Schüsseln und Brösel vom Brot, die auf die Straße geworfen sind, das isst er.»

Das Epos mit seinen großen Handlungsbögen, der inneren Kohärenz und den zahlreichen Querverweisen wird durch die elf

Tafeln in thematisch abgeschlossene fassliche Einheiten gegliedert. Deren Anfangszeilen führen den Leser schon prägnant zum neuen Inhalt der jeweiligen Tafel hin. Die Tafelschlüsse hingegen sind ‹offen›, sie weisen jeweils auf die nächste Tafel hin, wecken die Neugier auf die Fortsetzung.

Wie der knappen Inhaltsangabe zu entnehmen ist, zeichnet sich der heute bekannte Text des Epos nach wie vor durch beträchtliche Lücken aus. Die 2003 vorgelegte wissenschaftliche Edition von A. R. George bedeutete jedoch einen deutlichen Fortschritt für die Erschließung des Textes. Demnach stellte sich der Erhaltungszustand wie folgt dar:

Tafel	Umfang	vollständige Zeilen	fehlende Zeilen
I	ca. 300 Zeilen	66%	1%
II	ca. 310	16%	50%
III	ca. 243	41%	31%
IV	ca. 250	10%	53%
V	ca. 302	21%	50%
VI	183	65%	1%
VII	ca. 300	24%	36%
VIII	ca. 250–255	28%	31%
IX	ca. 196	16%	36%
X	ca. 322	26%	33%
XI	328	91%	0%
XII	ca. 153	27%	20%
Gesamt	ca. 3033	ca. 38%	ca. 28%

Bei den hier als «vollständig» gezählten Zeilen fehlen gelegentlich einzelne Zeichen, «fehlende» Zeilen können auch durch letzte Zeichenreste repräsentiert sein.

Noch 1990 hat Dietz Otto Edzard in einer Vorlesung den Erhaltungszustand von Gilgamesch anschaulich so beschrieben: «Stellen Sie sich ein beliebiges modernes Literaturwerk vor, ein Buch, aus welchem insgesamt ca. ein Drittel der Seiten herausgerissen ist; wo in einem weiteren Drittel teils nochmals ein Drittel vom Rand abgeschnitten ist; wo Buchwürmer oder Zigaretten Löcher gefressen und Hauptwörter, Präpositionen,

Verben ganz oder halb aufgefressen haben; wo Tintenflecken ganze Zeilen bis zur Unkenntlichkeit entstellt haben. Dann haben Sie genau den Torso des Gilgamesch-Epos vor sich.»

Die materielle Grundlage stellt sich heute ein wenig besser dar. Der Erhaltungszustand muss zudem nicht direkt mit dem Textverständnis korrelieren: Mal fehlt nur ein Wort und die Zeile bleibt unverständlich, mal lassen sich vollständig verlorene Zeilen aufgrund von Parallelen zweifelsfrei ergänzen. Einen Extremfall stellt Tafel IV dar, wo kaum eine Zeile ohne Beschädigung erhalten ist, sich aber lange Passagen wiederholen und gegenseitig ergänzen. Zudem lässt sich der Inhalt mancher Textlücken im jungbabylonischen Text mit Hilfe älterer Fassungen rekonstruieren; so ist etwa Tafel II aus dem altbabylonischen Epos gut bekannt. Edzards Vergleich mit dem modernen Literaturwerk verweist nachdrücklich auf den materiellen Erhaltungszustand, der eine Würdigung der Bezüge und Anspielungen innerhalb des Textes stark beeinträchtigt; er gibt aber auch Anlass, über das Besondere der mesopotamischen Literatur nachzudenken: Das literarische Werk steht hier nicht für sich alleine da, sondern ist Teil einer in sich eng vernetzten Texttradition. Manchen Fäden dieser Texttradition nachzugehen ist eine Aufgabe des vorliegenden Bandes.

2. Die Welt des Gilgamesch-Epos

Mesopotamien, Keilschrift, Sumerisch und Akkadisch: einige Grundbegriffe

Mesopotamien, das Land «zwischen den Flüssen» Euphrat und Tigris, wird im Süden von der Arabischen Wüste, im Norden vom Taurus (Anatolien) und im Osten vom Zagros-Gebirge (Iran) begrenzt. Im Süden Mesopotamiens, dem heutigen Süd-Irak, liegt Babylonien, die Schwemmlandebene von Euphrat und Tigris zwischen Samarra und dem Golf, die nach Babylon, der Hauptstadt des zweiten und ersten Jahrtausends, benannt ist. Hier befinden sich die Städte des Gilgamesch-Epos: Uruk selbst, Nippur, die Stadt Enlils, und Schuruppag, die Heimat Utnapischtis. Im dritten Jahrtausend teilte man Babylonien in Sumer im Süden und das Land Akkad im Norden, und nach diesen Landschaften wurden die Hauptsprachen Mesopotamiens Sumerisch und Akkadisch genannt. Sumerisch wurde im dritten Jahrtausend in Südbabylonien gesprochen, Akkadisch dominierte anfangs im Norden Mesopotamiens. Das Land Akkad war benannt nach der gleichnamigen Stadt Akkade, die wohl nördlich von Bagdad nahe Samarra zu suchen ist, die Hauptstadt des ‹ersten Weltreichs der Geschichte›, das Sargon (um 2320) begründete.

Nördlich an Babylonien schließt sich das nach der Hauptstadt Assur benannte Assyrien entlang des Tigris an, das bis an die Gebirge Taurus und Zagros reicht (nördlicher Irak). Obermesopotamien umfasst die Ebenen und Hügel südlich von Taurus und Tur Abdin zwischen Euphrat und Tigris (heute größtenteils Staatsgebiet von Syrien).

Um die immer komplexer werdende Organisation zu bewältigen, erfanden die Sumerer im späten vierten Jahrtausend die Schrift, wohl in der damals größten Stadt Uruk. Ihren Namen verdankt die Keilschrift den charakteristischen Eindrücken, die die Spitze eines dreieckigen Rohrgriffels im lederharten Ton einer Tontafel hinterlässt. Das Material der Tontafeln ist für unsere Kenntnis des Alten Orients entscheidend: Denn Tontafeln sind so widerstandsfähig, dass jeder Text, und sei er noch so unbedeutend und rasch hingeschrieben, erhalten bleiben kann. Daher sind nicht nur Inschriften oder oft kopierte Literaturwerke, sondern auch Alltagstexte, Urkunden, Abrechnungen, Privatbriefe und Notizen überliefert. Kein anderes Schreibmaterial weist eine ähnliche Haltbarkeit auf wie Tontafeln. Die sumerische Sprache hat die Schrift entscheidend geprägt. Denn die ersten Zeichen waren Piktogramme, Bildzeichen, die ein Objekt einfach und prägnant abbildeten; übertrug man die sumerische Benennung des Objekts auf das Zeichen, so konnte das Zeichen einen Lautwert, einen Vokal oder eine Silbe, wiedergeben. Eine stilisierte Welle steht für das Konzept «Wasser»; das heißt auf Sumerisch *a*; deshalb steht die Welle für den Vokal *a*. Der Himmel, sumerisch *an*, wird durch einen Stern angedeutet; oder ein Kopf, bei dem der Mundbereich hervorgehoben ist, steht für *ka* «Mund» oder nach dem Wort für «Zahn» für einen Lautwert *zu*. Mit solchen Silbenzeichen der Form *a, an, ka, kak,* die dann im Gebrauch jeden Bezug zum ursprünglichen Bild verloren haben, lassen sich Namen und jede beliebige Sprache schreiben: *gi-il-ga-meš* = *gilgameš*, *en-ki-du*$_3$ = *enkidu* (wobei die Indexziffer $_3$ bei *du*$_3$ modern festgelegt wurde, um es von anderen Zeichen mit der Lesung *du* zu unterscheiden). Außer für Silben konnten Zeichen aber auch als Wortzeichen für Begriffe stehen: Das Zeichen für «Himmel», der stilisierte Stern, stand auch für «Gott», ganz gleich in welcher Sprache (sumerisch *diŋir*, akkadisch *ilu*, hethitisch *šiuš*, elamisch *napi* usw.). Die mesopotamische Keilschrift blieb bis zuletzt eine gemischte Wort–Silbenschrift, die neben dem Sumerischen für ein Dutzend Sprachen gebraucht wurde.

Für das Sumerische, das in Südbabylonien im dritten Jahrtausend gesprochen wurde, konnte man bis heute keine verwandten Sprachen identifizieren. Nach dem Untergang des mächtigen Reiches von Ur (2003) verlor das Sumerische im 20. Jahrhundert seine Bedeutung als Alltagssprache. Dennoch lebte es als Kult- und Literatursprache bis zum Ende der Keilschrift weiter: Mit den Schriftzeichen lernte man die Sprache, aus der sie stammten.

Ab der Mitte des dritten Jahrtausends ist das Akkadische bezeugt. Als semitische Sprache ist Akkadisch etwa mit dem Arabischen, dem Hebräischen, Aramäischen oder Phönikischen verwandt, wurde aber durch den Kontakt mit dem Sumerischen geprägt. Im zweiten und ersten Jahrtausend gliederte es sich in das Babylonische im Süden, bezeugt bis ins 1. Jahrhundert n. Chr., und das Assyrische im Norden, das bis um 600 geschrieben wurde. Die kulturelle Dominanz Babyloniens äußert sich unter anderem darin, dass das Babylonische als Sprache der Literatur und des Kultes auch in Assyrien gebraucht wurde; sogar die assyrischen Könige des ersten Jahrtausends schrieben ihre Inschriften babylonisch.

Stadt: Zivilisation und Machtzentrum

Als Zentren mesopotamischer Kultur und Gesellschaft fungierten die großen Städte. Sie wurden kaum im Gegensatz zum bebauten Land gesehen. Uruk besteht ja zu gleichen Teilen aus «Stadt», «Dattelpalmgärten», in denen unter den Dattelpalmen Obststräucher und Gemüse wachsen konnten, und «Niederungen», den freien Flächen zum Lehmabbau, die sich mit Wasser füllten und vielleicht dem Ackerbau dienten (I 22, XI 327; s. S. 18). Vor allem war den Bewohnern bewusst, dass sie auf den Ertrag der Felder angewiesen waren. Der Ackerbau bedeutete in Babylonien immer Gemeinschaftsarbeit, da Gerste und Weizen in diesem Trockengebiet nur auf bewässerten Feldern gedeihen konnten und Rindergespanne nur im kommunalen Einsatz auf großen Flächen rentabel waren. Alle Bewohner, sogar Kunsthandwerker des Palastes, mussten im Bedarfsfall auf den Feldern mitarbeiten, etwa wenn bei der Ernte wirklich jede Hand gebraucht wurde. Andererseits bedingte gerade die Dichte einer städtischen Bevölkerung, dass zahlreiche spezialisierte Berufe von den verschiedenen Handwerkern bis zum Händler, Schreiber, Arzt oder Priester nebeneinander existierten. Uruk nimmt man im Epos immer als einen lebendigen Ort voller Menschen wahr; die Bewohner treten dort in sozialen Gruppen, nicht als Individuen auf: die jungen Männer, die Frauen, die Ältesten, die Dirnen, die Handwerker.

Das Selbstverständnis der Kultur wurde nicht so sehr durch die gemeinsame Felderwirtschaft geprägt als vielmehr durch die Institution der Stadt. Als Gemeinwesen wurde sie gerade in Babylonien zu allen Zeiten von einer Versammlung geführt, in der Vertreter der einflussreichen Familien der Stadt zusammenkamen. Jeden Bewohner betraf die Rechtssprechung der städtischen Richterkollegien. Doch auch politische Entscheidungen wurden auf städtischer Ebene gefällt. Gilgamesch muss seinen Zug in den Zedernwald vor den Versammlungen von «Ältesten» und «jungen Männern» seiner Stadt rechtfertigen (Tafel III). Er wendet sich auch an sie in seiner Totenklage um Enkidu (VIII 43). Und Utnapischti weist darauf hin, dass der Thron des Herrschers in der Versammlung steht und damit von deren Konsens abhängt (X 271).

Eine altorientalische Stadt stellte ein Gewirr von Gassen, Straßen und kleineren Plätzen dar, dicht bebaut mit Häusern, die sich zu ihrem Innenhof hin öffneten. Uruk war umgeben von der mächtigen Stadtmauer, die im Altertum als «Werk des Gilgamesch» galt. Der altbabylonische König Anam von Uruk (um 1800) bezeichnete sie so in der Inschrift auf einer Steintafel, die er bei einer Erneuerung der Mauer deponierte. Wie alle Bauwerke in Babylonien war die Mauer aus Lehmziegeln errichtet, dem dort in unerschöpflicher Menge vorhandenen Baumaterial. Stein hingegen hätte in die Flussebene mühsam importiert werden müssen. In besonderen Fällen wurden die Lehmziegel zu Backsteinen gebrannt. Anam hatte zum Schutz vor Wasser gebrannte Ziegel für die Mauer von Uruk eingesetzt; auch im Epos ist von Backsteinen die Rede (I 20, XI 325). Für die gewaltige erste Anlage der Stadtmauer aus frühdynastischer Zeit (ca. 29./28. Jahrhundert) wurden auch Backsteine verwendet (vgl. S. 47). Diese Mauer umschließt eine Fläche von etwa 5 km². Dem sollten die Flächen von «1 *šāru* Stadt» und «½ *šāru* Ischtar-Tempel» (I 22, XI 327) entsprechen, wenn die Palmgärten und die Niederungen außerhalb der Mauer liegen. 1 *šāru* bezeichnet ab altbabylonischer Zeit eine Fläche (1 *šāru* = 1080 *ikû* à 0,36 Hektar), und hier lässt sich tatsächlich eine recht gute Übereinstimmung erreichen, denn Stadt und Ischtartempel umfassen zusammen 5,832 km².

Im Zentrum der Stadt lag als weitaus größtes und höchstes Gebäude der Haupttempel. Dass der Tempel sogar ein Drittel der Stadtfläche einnehme wie im Epos gesagt, ist zwar zu hoch gegriffen, mag aber einem ersten Eindruck entsprechen. Ein babylonischer Tempel diente als Wohnort der Gottheit auf Erden und folgte daher dem Grundriss eines Wohnhauses. Neben einem Haupttempel erhob sich ein gestufter massiver Turm aus Ziegelmauerwerk, die sogenannte Zikkurrat, auf deren Spitze das Heiligtum der Stadtgottheit lag. Die im ‹Turm von Babel› verewigte höchste Zikkurrat von Babylon erreichte wohl knapp 70 Meter Höhe. In der Ebene markierte sie das von Weitem sichtbare Zentrum der Stadt und bildete ein monumentales Zeichen für die städtische Gemeinschaft.

Jede Stadt war einer bestimmten Gottheit unterstellt: In Uruk verehrte man Ischtar, in Nippur Enlil, in Sippar Schamasch, in Babylon Marduk usw. Die Einwohner hatten nicht nur täglich den Tempel vor Augen, der Kult der Stadtgottheit prägte auch das Leben eines jeden Menschen. Bei den großen kultischen Festen, die das Jahr gliederten, waren alle Einwohner von der Arbeit befreit, sie kamen zusammen und wurden reichlich mit Bier und Speisen, auch dem sonst raren Fleisch, bewirtet. Nicht umsonst verspricht Gilgamesch der Versammlung der Stadt Feste, falls er heil aus dem Zedernwald zurückkehren sollte (II 268–271, III 31–34). Die wichtigen Familien eines Ortes trugen nach einem detaillierten Dienstplan zu den täglichen Opfern bei, und die gelieferten Speisen wurden zum guten Teil wieder an Leute des Tempels verteilt. Die Tempel fungierten außerdem als wirtschaftliche Einrichtungen, die insbesondere die Landwirtschaft verwalteten. Schließlich fanden in den Tempeln Arme und Ausgestoßene Aufnahme. Der Herrscher kam seiner Aufgabe, für die «Witwen und Waisen» zu sorgen, durch Stiftungen an die Tempel nach. Dass der Tempel den Umherirrenden eine Heimat bot, wird im Gilgamesch-Epos prägnant dargestellt: Ninsun nimmt den aus der Wildnis kommenden Enkidu als Sohn an, vertraut ihn aber den «Priesterinnen» und den «Gottestöchtern» an, wohl denen der Stadtgottheit Ischtar; Findelkinder wie die «Kinder von Enkidu» sollten dort mit den «Oblaten» des Gilgamesch, den vom Herrscher gestifteten Personen, aufgenommen werden (III 121–126).

Auch die Macht des Herrschers wurzelte in der Stadt. Gerade im Frühen Mesopotamien wurden Dynastien nach ihrer Stadt bezeichnet, von der aus sie mehr oder weniger große Gebiete beherrschten. Der König war der oberste Richter seines Landes, er gewährte Schuldenerlasse oder ließ Gesetze verfassen. Ihm allein unterstand das Militär, und im Kriegsfall stützte er sich auf die Männer seiner Stadt und ihre Ressourcen. Durch zeitlich beschränkte Arbeitsdienste war ein guter Teil der Bevölkerung dem Palast verpflichtet. Die Tempel lebten von den Stiftungen des Herrschers, aber sie überwiesen auch Erträge an den Palast.

Auch wenn im Verlauf von zweieinhalb Jahrtausenden durchaus Veränderungen zu beobachten sind, bestimmte im Prinzip diese Balance zwischen den Machtzentren Herrscher, Tempel und Stadtversammlung das antike Babylonien. Das im Gilgamesch-Epos vermittelte Bild einer Stadt lässt sich jedenfalls nicht ohne Zweifel einer bestimmten Epoche zuweisen, und bis ins erste Jahrtausend waren einem Babylonier Institutionen wie Palast, Tempel oder Ältestenrat vertraut.

Steppe: Wildnis und Reinheit

Die Stadt grenzte sich deutlich gegen die Steppe ab, das wilde, unbebaute Land außerhalb der Stadt mit ihren Feldern und Dörfern, in Babylonien vorzustellen als eine öde Wüstensteppe. In der Steppe lebten höchstens schafzüchtende Nomaden, die bei den Städtern als unzivilisiert galten. Die Bedrohung der Steppe, die in die geordnete Welt der Stadt eindringen könnte, prägte die mesopotamische Weltsicht.

Die Distanz zwischen Steppe und Stadt wird in Tafel I des Epos durch die beiden Protagonisten Enkidu und Gilgamesch gezeigt: hier König Gilgamesch, umgeben von den Bewohnern der Stadt, dort der einsame und unwissende Enkidu, behaart wie ein Tier, der mit den Gazellen weidet und Wasser trinkt oder von Gazellen gesäugt wird. Die Tierbilder, mit denen in der mesopotamischen Dichtung häufig Personen charakterisiert werden, zeigen dies gleichfalls: Enkidu ist das Kind von Gazelle und Wildesel (VIII 3–4), er ist ein «rennendes Maultier, ein Wildesel des Gebirges, ein Panther der Steppe» (VIII 50 usw.); Gilgamesch dagegen ist der «Stier», er lebt in der «‹Viehhürde› von Uruk», er ist das Kind der «Kuh» Ninsun (vgl. I 36, OB Harmal$_2$: 42; sonst, auch im jungbabylonischen Epos, das poetische Äquivalent *rimtu* «Wildrind-Kuh»).

Zwar können wir uns Enkidu gut in den Steppen der Tiefebene vorstellen, wo er mit den Gazellen umherzieht und von einem Jäger an einer «Tränke» (I 111), die dann an einem Fluss läge, entdeckt wird; doch andererseits kennt er von seinen Wanderungen mit den Wildtieren Humbaba, der im Zedernwald haust, also weit entfernt von Babylonien in den Gebirgen Syriens. Unter der «Steppe» verstand man demnach nicht eine bestimmte Gegend, sondern die gesamte Wildnis, die von Wildtieren ebenso wie von Dämonen bewohnt wurde.

Der Weg aus der Steppe in die Stadt geht einher mit der Zivilisierung Enkidus. Der Beischlaf mit der Dirne Schamchat entfremdet ihn den Tieren, die körperliche Nähe der Frau schärft seine Wahrnehmung (I 195–200). Sie bekleidet ihn und führt ihn aus der Wildnis, in die als einziger Mensch nur der Jäger eindringt, dessen Einsamkeit abseits der Gesellschaft im Fluch Enkidus bekräftigt wird (VII 94–99). Als erster Gruppe von Menschen begegnen sie den Hirten, die ihre Schafe außerhalb von Stadt und Ackerland weiden. Üblicherweise gehörten Schafe den Bewohnern der Städte, besonders dem Palast und den Tempeln, die ihre Herden den Hirten anvertrauten. Bei diesen erfährt Enkidu menschliche Lebensweise: Er lernt Brot zu essen und Bier zu trinken (II 44 ff., vgl. VII 135–138). Brot und Bier wurden aus Gerste hergestellt, demjenigen Getreide, das im Vorderen Orient erstmals kultiviert wurde und das auch auf den durch die Bewässerung salzhaltig gewordenen Böden gedieh. Das alkoholarme, aber nährstoff- und vitaminreiche Bier ergänzte die einfache Getreidenahrung wesentlich. Vor allem gelang es so, aus der reichlich vorhandenen Gerste in den Trockengebieten des Orients ein gesundes Getränk herzustellen. In der altbabylonischen Fassung lesen wir (OB II 87–111):

87 Sie stellten Brot vor ihn hin,
88 f. er *zögerte*, betrachtete es dabei und schaute.
90 f. Es wusste Enkidu nicht Brot zu essen,
92 f. Bier zu trinken hatte er nicht erfahren.
94 f. Die Dirne öffnete ihren Mund und sprach zu Enkidu:
96 f. «Iss das Brot, Enkidu, das das Leben auszeichnet,
98 trink das Bier, das dem Lande bestimmt ist!»

99 f. Es aß das Brot Enkidu, bis er gesättigt war,
101 f. das Bier trank er, sieben Krüge.
103 Es löste sich sein Gemüt, er frohlockte,
104 f. er freute sich im Innersten, sein Gesicht strahlte.
106 f. Da behandelte der Barbier seinen behaarten Körper,
108 f. er salbte sich und wurde zum Menschen.
110 f. Er zog ein Gewand an, so dass er wie die Männer war.

Durch Körperpflege, Rasur und Salben, und Bekleidung wird Enkidu zum Menschen und er dient den Hirten, indem er nachts die Herden bewacht. Den Weg in die Stadt als dem kulturellen Zentrum überbrückt ein Reisender, der als Hochzeitsgast in die Stadt unterwegs ist. Ihm folgt Enkidu, um die Braut vor dem unersättlichen König Gilgamesch zu beschützen.

In Uruk versammeln sich die Menschen um Enkidu, er ist damit in der Mitte der Bevölkerung angekommen, doch noch fehlen ihm die persönlichen Bindungen. Im Ringkampf mit Gilgamesch erkennt er den Gleichartigen und den Ranghöheren: Zwei Freunde haben sich gefunden (OB II 229 ff.; vgl. VII 138). Zusammen mit Gilgamesch nimmt er am städtischen Leben teil: Sein Rat wird gehört, ihm vertraut man Gilgamesch an, er stiftet dem Tempel in Nippur eine Zederntür. Abgeschlossen wird dieser Weg dadurch, dass Ninsun ihn als Sohn annimmt (III 127). Entsprechend erhält er am Ende des Lebens eine würdige Bestattung von seinem «Bruder» Gilgamesch (III 128, VII 139), allerdings ohne eine eigene Familie gegründet zu haben (vgl. Humbabas Fluch V 279 f.).

Während Enkidu die Schritte hin zur Zivilisation durchläuft, geht Gilgamesch nach der traumatischen Erfahrung vom Tod des Freundes den umgekehrten Weg. In der Trauerzeit verließ man den geregelten Alltag und unterstrich dies durch ein ungepflegtes Äußeres, indem man schmutzige Trauerkleidung trug. Gilgamesch dehnt durch seine Suche nach dem Leben diese Trauerzeit ins Unermessliche aus und verlässt dabei die Zivilisation: Er kleidet sich in Felle und zieht in die Steppe, wie von Schamasch am Totenbett Enkidus vorausgesagt (VII 146 f., VIII 90 f., vgl. Tafel IX–X). Erst als er am Ziel seiner Suche angekommen ist, kehrt er durch Körperpflege und die von Utnapischti angebotene neue Kleidung wieder in die Zivilisation zurück (XI 250–270).

In der Steppe, einem Grenzgebiet um die Welt der lebenden Menschen, hielten sich Dämonen auf; wo das Leben endet, beginnt der Tod. Gilgamesch begegnet den Skorpionmenschen als Wächtern am Weg der Sonne, die ebenso wie andere Mischwesen menschliche und tierische Züge vereinen (IX 42 ff.), «deren Schrecken furchtbar ist, deren Blick tödlich ist». Diese Beschreibung erinnert an das andere dämonische Wesen der Wildnis: «Humbaba, sein Brüllen ist die Sintflut, sein Mund der Feuergott, sein Atem Tod» (II 221 f.). Solche Dämonen konnten dem Menschen helfen (wie die Skorpionmenschen), aber ihn auch bedrohen. Dennoch wird die Möglichkeit offengehalten, dass Humbaba, altbabylonisch heißt er Huwawa, sich als Diener unterwerfe (V 167–177), und letztlich hat ihn der Gott Enlil als Wächter eingesetzt. Dämonen waren todbringend und gefährlich, aber nicht ihrem Wesen nach ‹böse›. Die Macht der Dämonen konnte wie die der Götter sowohl Heil als auch Verderben bringen. Doch stellten sie sich dem Menschen entgegen, waren sie ein Übel, das beseitigt werden musste, so dass Ninsun von «jedwedem Übel» sprechen kann (III 54). Die Dämonen hausten in der Steppe an den Grenzen der bewohnten Welt, sie stammten aus der Unterwelt an den Grenzen des Lebens: «Da war ein Mann mit finsterem Gesicht, sein Gesicht glich dem Löwenadler (Anzu), eine Löwenpranke war seine Hand, Adlerkrallen seine Nägel» (VII 168 f.), so beschreibt Enkidu den Dämon, der ihn im Traum in die Unterwelt führt.

Doch der unberührten Wildnis wurde auch eine besondere Reinheit zugesprochen, die durch den Eingriff des Menschen zerstört werden konnte. Enkidus Körper verliert durch den Kontakt mit der Dirne seine Reinheit (I 199, VII 130 f.). Der Zedernwald, der als Ort des Dämons Humbaba der Steppe gleicht, ist zugleich ein Wohnsitz der Götter (V 6). Auch in der Magie setzte man Pflanzen von einem reinen Ort ein, wo sie noch kein Mensch berührt hatte; das Bergland galt als so ein reiner Ort.

Bergländer: Zedernholz und andere Schätze

Die Gebirge im Westen, Norden und Osten Mesopotamiens waren Ziel und Bedrohung zugleich: Bedrohung, weil immer wieder die Bewohner der Bergländer in die reichen Städte Mesopotamiens einfielen; ein Ziel aber deshalb, weil die Gebirge die Güter boten, die in Mesopotamien fehlten, vor allem in der Tiefebene Babyloniens: gutes Holz, Steine und Metalle. Immer wieder zogen mächtige mesopotamische Herrscher gegen die Bergländer und außer der Ausdehnung ihres Machtbereichs verfolgten sie dabei auch handfeste wirtschaftliche Interessen. Gilgamesch war aus der Perspektive der Babylonier der erste, der die Wege sowohl in den Zedernwald als auch in die Gebirge des Ostens erkundete. Waren die Brunnen, die er auf dem Weg gegraben hatte, die Wasserstellen, an denen sich die Überlandrouten mesopotamischer Reisender orientierten?

Die Fahrt in den Zedernwald bildet eines der Hauptthemen der Gilgamesch-Erzählungen. Im akkadischen Gilgamesch-Epos ist der Zedernwald als Sirara (Antilibanon) und Libanon identifiziert, die in einer Ätiologie (Ursprungssage) im Kampf mit Humbaba voneinander getrennt werden (V 156, OB Ishchali 31); die Fahrt dorthin führt am «Land Ebla» vorbei (OB Schøyen$_2$ 26). Auch das nördlich anschließende Amanus-Gebirge galt als Ziel für die begehrten Zedern. Zum einen waren die Bäume so groß und stark, dass sie auch die weitesten Räume überdachen konnten, zum anderen verbreitete das Holz einen besonderen Duft, der zudem vor dem Befall durch Schädlinge schützte. Eine Expedition in den Zedernwald gehörte von Sargon von Akkad bis zu den assyrischen Königen und Nebukadnezar II. von Babylon zu den großen in Inschriften überlieferten Taten mesopotamischer Könige.

Um die Zeder zu erreichen, wird Gilgamesch vom Sonnengott Schamasch unterstützt. Dass zwischen diesem und der Zeder ein besonderes Nahverhältnis bestand, zeigt sich auch in den Riten des Wahrsagers. Der unterstand dem Gott Schamasch, der durch seinen nächtlichen Weg durch die ewige Unterwelt auch das Wissen um die Zukunft auf die Welt brachte.

Der Wahrsagepriester, der vor Schamasch aus der Leber und den Eingeweiden eines geopferten Lammes die Antwort auf eine Frage suchte, reinigte sich vorher gründlich Körper und Mund mit Zedernholz, band sich Stückchen von Zedernholz an den Körper. Die Zeder sollte wohl die Aufmerksamkeit des Gottes Schamasch auf die Opferschau lenken. Auch dem mesopotamischen Helden Gilgamesch hat Schamasch im Zedernwald entscheidend geholfen (vgl. III 47, V 147).

Während der Zedernwald im akkadischen Gilgamesch-Epos mit dem Libanon identifiziert ist, stellt sich die Lokalisierung für die sumerischen Gilgamesch-Texte nicht so eindeutig dar. Für einen Zug nach Osten hat man angeführt, dass die Anrufung des Sonnengottes eher nach Osten weise und dass der Zug über sieben Gebirgsketten zum Zedernwald an den Zug in das sagenhafte Aratta (S. 51 f.) erinnere. Die «Zeder» wäre dann keine Zeder, da die im Zagros-Gebirge nicht gedeiht, sondern ein Wacholderbaum. Doch wahrscheinlich darf man solche sagenhaften Wegbeschreibungen über die «sieben Berge» nicht auf der Landkarte suchen.

Die zweite Reise führt Gilgamesch allein ans Ende der Welt im Osten, dem Sonnenaufgang entgegen. Wenn er dort nach dem Gang durch den Tunnel in einem Edelsteingarten ankommt (X 171–194), wird damit wohl auch auf die unerreichbar fernen Gebirge als Quelle geschätzter Halbedelsteine wie Lapislazuli, Karneol oder verschiedene Arten von Achaten angespielt.

Von beiden Fahrten kehrt Gilgamesch teilweise auf dem Wasser nach Uruk zurück. Aus Westen kommend bringt er ebenso wie alle mesopotamischen Herrscher die Baumstämme in Flößen den Euphrat hinab nach Mesopotamien. Gerade für schwere Lasten war der Transport zu Schiff auf dem dichten Fluss- und Kanalnetz geeigneter als der beschwerliche Überlandverkehr. Uruk verfügte über einen «Hafen» am Euphrat, der das umtriebige Handelszentrum eines Ortes darstellte.

Die letzte Rückkehr Gilgameschs beginnt auf dem Meer am Ufer Utnapischtis. Zugang zum Meer hatten die Babylonier am Persischen Golf. Vor allem im dritten und frühen zweiten Jahrtausend, als die Küstenlinie noch mehrere hundert Kilometer weiter landeinwärts lag und etwa die Stadt Ur einen Seehafen hatte, bestand ein lebhafter Seehandel insbesondere mit Oman, dem antiken Magan, der Quelle für Kupfer, und darüber hinaus bis ins Industal, das antike Melucha. Bei seiner Fahrt über das Wasser des Todes erfindet Gilgamesch das Segel. Doch diese Errungenschaft blieb ohne großen Nachhall, denn die mesopotamische Kultur war binnenländisch orientiert und die Seefahrt am Golf scheint nach der frühen Blüte nie mehr dieselbe Bedeutung erreicht zu haben.

Metalle mussten auch importiert werden, vor allem Zinn über Iran, Kupfer aus Oman. Daraus stellte man die alltäglich gebrauchte Bronze her, denn das dritte und zweite Jahrtausend waren das Zeitalter der Bronzezeit in Mesopotamien. Die Einfuhr des Metallhandwerks in Sumer wurde dem sagenhaften König Lugalbanda zugeschrieben (S. 53 f.).

Kosmos

In der mesopotamischen Weltsicht wurde die Erde von Meer umgeben. Dieses Meer war gleichzeitig eine Grenze zum Reich der Toten. Allein der Schiffer Ur-schanabi im Gilgamesch-Epos vermag die «Wasser des Todes» zu kreuzen. Doch Utnapischti enthebt ihn seines Amtes (XI 248 f.); so wird die Grenze unüberbrückbar.

In der Tiefe unter der Erde erstreckte sich der Apsu, ein Ozean von Süßwasser, der Leben und Heil spendete. Im Epos würde dazu passen, dass das Lebenskraut, das Gilgamesch zuletzt pflückt, im Apsu gedeiht (XI 290, Wort Apsu aber teilweise ergänzt).

Das Totenreich dehnte sich als Unterwelt unter der Erde aus, ohne dass das Verhältnis zum Apsu thematisiert wurde. Gilgameschs Holzkugel fällt in die Unterwelt hinab, Enkidu kann durch eine Luke wieder heraufkommen (XII 4 f., 86). Daneben gab es auch die Vorstellung, das Totenreich liege in weiter Ferne am Rande der Welt, jenseits des Unterweltflusses Hubur. Im Akkadischen nannte man die Unterwelt meist einfach «Erde» oder «große Erde», spezifischer «Haus der Dunkelheit» (VII 184) oder «Land ohne Wiederkehr» (III 106). Das Land der Toten galt als dunkel, staubig und trocken, bewohnt von vogelgestaltigen Verstorbenen (vgl. VII 184–205).

Über die Entstehung der Welt bestanden mehrere Vorstellungen. Am Anfang stand ein Urozean oder die Vereinigung von männlichem Himmel und weiblicher Erde. Die Menschheit wurde erschaffen, um den Göttern zu dienen und sie zu versorgen. Die Muttergöttin und der weise Gott Ea formten den Menschen aus Ton und fügten das Blut eines erschlagenen rebellischen Gottes hinzu.

Götterwelt

Die Götterwelt bildet eine zentrale Konstante der Kulturen Mesopotamiens. Die Gesamtheit der Götter, das Pantheon, stellte eine gleichsam ‹gesellschaftliche› Ordnung dar, in der einzelne Götter bestimmte Aufgaben übernahmen. So spiegelte die Götterwelt die Kräfte und Institutionen, die die Menschen und ihr Zusammenleben prägten, ob Liebe, Kampf, Tod oder die Ordnung der Familie. Der Aufenthaltsort der Götter war der Himmel (vgl. I 79, VI 81) und ihre Macht galt dem ganzen Land. Auf Erden lebten die Götter in ihren Tempeln, sie waren in ihren Kultstatuen präsent. Wie oben ausgeführt, kam einer großen Gottheit jeweils ein Hauptheiligtum in einem bestimmten Ort zu, daneben bestanden Kultstätten in anderen Orten. Im Gilgamesch-Epos treten keine Götter auf, die allein an bestimmte Orte gebunden wären, sondern große Götter mit zentralen Aufgaben, die wie der Sonnengott oder die Liebesgöttin an vielen Orten unter gleichen oder auch anderen Namen verehrt wurden.

Anu, Enlil und Ea standen an der Spitze des babylonischen Pantheons, oft wurde ihnen die Muttergöttin zugeordnet.

Anu, dessen Name aus dem Sumerischen *An* entlehnt ist und «Himmel» bedeutet, war als Göttervater zwar der ranghöchste Gott. In der Mythologie griff er aber nur selten aktiv ein. Sein Kult erlangte erst in der Spätzeit im hellenistischen Uruk Bedeutung, wo er sonst als Vater von Ischtar galt (s. Tafel VI).

Enlil führte als König der Götter die Herrschaft, wenngleich in der politischen Theologie ab dem späten zweiten Jahrtausend andere diese Rolle übernahmen, Marduk in Babylonien oder Assur in Assyrien. Im Gilgamesch-Epos, das in der altbabylonischen Tradition wurzelt, entscheidet Enlil über Leben und Tod (VII 80, 85) und er ordnet die Sintflut an (XI 169–171, 183 f.). Sein Kultort war Nippur. Dorthin stiften die Helden des Epos die aus der Zeder verfertigte Tür, nachdem sie den von Enlil eingesetzten Wächter Humbaba erschlagen haben.

Ea, so der akkadische Name für den sumerischen *Enki,* war der Herr über den Apsu, den unterirdischen Süßwasserozean, war der Gott des Verstehens und der Weisheit sowie der Beschwörungskunst und in der Sintfluterzählung der Beschützer Utnapischtis.

Der *Muttergöttin* oblag die Erschaffung des Menschen. Sie klagt deshalb um ihre Menschheit, als die Sintflut sie vernichtet (XI 117–124). Ihr kamen mehrere Namen zu: Als Belet-ili, «Herrin der Götter», schafft sie Gilgamesch (I 49), als Aruru formt sie Enkidu aus Ton (I 94–104), als Mammītum bestimmt sie das Schicksal für die Menschheit (X 320).

Hinter den großen Gestirnen standen göttliche Mächte: Der Sonnengott Schamasch und die Venusgöttin Ischtar galten als Geschwister; im Gilgamesch-Epos war ihr Vater der «Himmel» Anu, nach einer anderen Tradition war es der Mondgott Sin.

Ischtar, die sumerische *Inana*, war Stadtgöttin von Uruk, ihr Heiligtum das Eana (sumerisch «Haus des Himmels»). Im mesopotamischen Pantheon fungierte sie als die Göttin der Liebe und der Schlacht. Die Liebe der Inana/Ischtar meinte das sexuelle Verlangen, ohne unbedingt den Nachwuchs im Blick zu haben. Deshalb untersteht ihr auch Schamchat, die Dirne, der die in Ischtar verkörperte Libido die Männer zuführt (VII 159 f.). Gilgamesch zeigt schonungslos das Wesen Ischtars auf, wenn er sie als treulos beschimpft und einige ihrer verlassenen Liebhaber aufzählt (VI 45–79). Unter diesen befindet sich Dumuzi, der in sumerischen Liedern und Mythen besungene Hirte (VI 46, vgl. VIII 149 f.), der in einer ersten rauschhaften Liebe zu Inana fand, dann aber einen zu frühen Tod sterben musste, von Schwester und Mutter beklagt. In Dumuzis glücklicher und schmerzhafter Erfahrung von Liebe und Tod spiegelten sich zentrale Momente des menschlichen Lebens vor allem aus der Sicht des jungen Mannes. Das Mit-Leiden mit Dumuzi, das Verhältnis zu den Frauen, zur Geliebten, zu Schwester und Mutter, betraf ein Spektrum der Welterfahrung, das in der sumerischen Mythologie sonst nicht thematisiert wurde. Denn anstelle der großen Götter oder Könige stand mit dem Hirten Dumuzi ein einfacher Mensch im Mittelpunkt. Es ging um Grunderfahrungen, nicht um das Aufspüren von Ursprüngen in Natur und Gesellschaft. Mit dem Ende der altbabylonischen Zeit schwand auch der Anteil der Dumuzi-Dichtung an der Literatur. Lag der Erfolg des Gilgamesch-Epos etwa auch darin begründet, dass die Erfahrungen des jungen Mannes hier eine neue, zeitgemäßere Form gefunden hatten und so das eher passive ‹Modell Dumuzi› langsam an Attraktivität verlor?

Der Sonnengott *Schamasch*, sumerisch *Utu*, schuf durch den Wechsel von Tag und Nacht die Grundlagen der Zeit. Die Sonne verbrachte die Nachtstunden in der Unterwelt, kam durch das Gebirge wieder herauf und überquerte den Ozean, die «Wasser des Todes» (X 81). Der Weg durch den Tunnel im Berg (IX 138–171) und die Überfahrt über das Meer gelingen allein Gilgamesch. Als Herr der Zeit und der Wege ist Schamasch der Beschützer des wandernden Gilgamesch (vgl. I 241); und das Licht der Sonne begleitet den Helden auf der Suche nach den Grenzen der Dunkelheit. Mit jedem neuen Tag begann ein neues Schicksal, das der Sonnengott aus der Unterwelt brachte. Zu Schamasch/Utu betete man kurz vor Sonnenaufgang, der heiligen Stunde in Mesopotamien, um gute Vorzeichen, um ein gutes Geschick, um Erlösung von Krankheit, bedrückenden Sorgen oder schlechten Vorzeichen. Wenn die Sonne im Westen versank, begleitete sie die Toten in die Unterwelt; dem Sonnengott wurden dann auch die Beigaben für den Toten «gezeigt» (VIII 134 ff.). Schamasch beschützte das Recht, das für Herrscher wie Beherrschte verpflichtend galt. An ihn wandte sich der unterdrückte Arme, den Ruf nach Recht «Weh-Utu!» erheben die Frauen von Uruk wegen ihrer Männer, die von Gilgamesch nicht mehr aus dem Frondienst entlassen werden (*Gil-*

gamesch, Enkidu und die Unterwelt 163). Er verhilft der Dirne zu ihrem Recht, als Enkidu sie in seiner Qual nur verflucht (VII 132–147).

Der Mondgott hieß *Sin*, verkürzt aus altbabylonisch *Suen* oder eigentlich *Sujin*, sumerisch *Nanna*. Als Gott des Mondes und der Monate war er auch der Gott der Frauen und der Niederkunft. Der König unterstand seinem besonderen Schutz. Doch in den Gilgamesch-Dichtungen kommt ihm höchstens eine marginale Rolle zu (etwa im Gebet IX 10–12).

Die *Götter der Unterwelt* begegnen entsprechend dem Thema des Gilgamesch-Epos an mehreren Stellen. *Ereschkigal* herrscht als Königin im Totenreich (VII 202–204, VIII 145 f., XII 28, 48), wo sie in steter Trauer liegt, das Gegenstück zu der im prallen Leben stehenden Ischtar. Die Beigaben für den Toten sind als Geschenke für die Götter der Unterwelt bestimmt (VIII 134–203), darunter für *Namtar*, sumerisch «Schicksal», den «Wesir» der Unterwelt (VIII 154 f., vgl. XII 52 usw.). Neben den Göttern erhalten ausgewählte Herrscher und Priester in der Unterwelt einen Ehrenplatz. Dies wird auch das Schicksal von Gilgamesch sein (III 101–106; s. S. 58 f.). Er wird dort unter anderem dem frühen König *Etana* begegnen, dem ersten König von Kisch, der einst auf dem Rücken eines Adlers zum Himmel auffuhr, um das Kraut des Gebärens zu gewinnen und einen Sohn zu bekommen, der ihn beerben könne und seinen Namen erhalte (VII 202).

Kult: Opfer und Orakel

Die polytheistische Religion Mesopotamiens bot Wahlmöglichkeiten, an welchen Gott man sich wandte: den Lokalgott, die für einen bestimmten Bereich zuständige Gottheit oder den persönlichen Gott, so wie im Gilgamesch-Epos Lugalbanda. Frauen wandten sich mit ihren Anliegen bevorzugt an Göttinnen. Ein gutes Beispiel hierfür ist das Gebet Ninsuns an den Sonnengott, in dem sie wiederholt an dessen Gemahlin Aja appelliert, die Verkörperung der Morgenröte: «Die Braut Aja möge dich erinnern!» (III 56 usw.).

Ninsun spricht ihr Gebet nach den nötigen Vorbereitungen: sie reinigt sich, zieht sich ein reines Gewand an, steigt auf das Dach (III 37–44). Durch die Reinheit der Person und der Kleidung und den abgegrenzten Ort wird der kleine temporäre Kultplatz deutlich vom Alltag abgehoben. Ninsun bringt ein kleines Opfer dar, indem sie Duftstoffe in ein brennendes Räucherbecken wirft (III 44 f.). Gilgamesch streut den Göttern Mehl (IV 8), und Utnapischti stellt ihnen Flaschen hin, bevor er das Räucherbecken mit Rohr als Brennmaterial, mit Zeder und Myrrhe entzündet (XI 159 f.). Der Rauch steigt empor, er lädt die Götter ein, auf dass sie Opfer und Gebet annehmen. Drastisch heißt es nach dem Ende der Sintflut, als die Götter durch das Ausbleiben der Opfer Hunger litten (XI 161–163):

Die Götter rochen den Duft,
die Götter rochen den süßen Duft,
die Götter versammelten sich wie Fliegen über dem Opferherrn.

Diese Aussage rührt an das Wesen von Kult und Religion: Das Opfer erhält die Götter am Leben; erst durch die Verehrung der Menschen, durch die alltäglich ausgeführte Handlung, existieren die Götter und sie fallen nicht der Vergessenheit anheim.

Ninsun beginnt mit ihrem Opfer ein Gebet, das sie mit erhobenen Händen, dem altorientalischen Gebetsgestus, an Schamasch richtet. Der Wortlaut des Gebets ist frei formuliert. Denn die zahlreich überlieferten «Handerhebungsgebete», wie sie laut ihrer Unterschrift genannt werden, zeigen einen klaren, prägnanten Aufbau: Zuerst steht die jeweilige Gottheit im Fokus, es wird ihre Macht und ihr segensreiches Wirken für die Menschen gepriesen; daraufhin schildert der Beter sein Leiden, das die angerufene Gottheit in ihrer Macht beseitigen möge; dafür würden ihr Dank und Preis gewiss sein. Das Gebet von Ninsun zeigt aber nichts von dieser Textgliederung (III 46–115); Wortlaut und Inhalt sind einzig und allein von der Handlung des Epos bestimmt.

Gilgamesch opfert, bevor er sich zu einem Inkubationsschlaf niederlegt; er hofft, einen Traum zu sehen, der ihm den Weg weisen soll (IV 8 usw.). Träume, in denen die Götter den Menschen die Zukunft enthüllen, spielen im Gilgamesch-Epos wie auch sonst in der Dichtung eine herausragende Rolle. Indes stellte man in Mesopotamien eher eine Orakelanfrage vor dem Gott Schamasch. Man musste eine mit «Ja» oder «Nein» beantwortbare Entscheidungsfrage formulieren, etwa: «Soll der König Männer, Pferde und Truppen nach Ort NN senden?». Die Antwort fand der Wahrsagepriester, indem er an einem frisch geopferten Lamm die Eindrücke auf der Leber und die Form der Eingeweide nach bestimmten Regeln deutete. Eine solche Orakelentscheidung kommt im Gilgamesch-Epos nicht vor. Dabei müsste die Frage nämlich schon eine gewisse Erwartung signalisieren. Vom erzählerischen Standpunkt aus gesehen bietet ein Traum demgegenüber die Chance, eine weitere Bedeutungsebene zu schaffen (s. S. 110). Die anschaulichen Bilder der Träume eignen sich für eine Erzählung auch besser als eine Beschreibung von Zeichen am Himmel, die ebenfalls die Zukunft andeuten konnten: ein Blitzeinschlag, eine Verfärbung der Sonne, der Stand der Planeten, eine Mondfinsternis, die größtes Unheil bedeutete.

Ebenso wie der Traum eintraf, der eine göttliche Entscheidung vermittelte, gingen im Epos auch Fluch und Segen in Erfüllung. Hier wurden die Götter wirksam angerufen. Der Fluch des Humbaba gegenüber Enkidu (V 278–280) sollte sich bewahrheiten, und Enkidus Fluch und Segen über Jäger und Dirne vom Totenbett aus war geradezu in der umgebenden Welt des Zuhörers oder Lesers zu beobachten (VII 94–131, 151–161). Den Gefahren von Fluch, Traum oder schlechten Vorzeichen war man in Mesopotamien jedoch nicht schutzlos ausgeliefert, sondern man konnte durch ein Ritual das Übel «lösen» und eine neue Entscheidung der Götter erbitten.

3. König Gilgamesch: Sage und Geschichte

Gilgamesch im Epos

Der Beginn des Epos vermittelt ein widersprüchliches Bild von Gilgamesch. Ein hymnischer Prolog (ab I 29) schildert seine Schönheit, Größe und Kraft, seine Weisheit, die königliche Würde und seine göttliche Herkunft, «zwei Drittel von ihm sind Gott und ein Drittel menschlich» (I 48). Doch die eigentliche Erzählung beginnt mit der Unterdrückung von Uruk (I 63–77), und auf die Hilferufe der Frauen hin greifen die Götter ein (I 79, 98) und erschaffen den Widerpart Enkidu. Diese widersprüchliche Charakterisierung stellt keinen einmaligen Kniff dar, um die Erzählung zu beginnen, sondern sie bleibt für den Helden typisch.

Gilgamesch ist einerseits der gnadenlose Tyrann, der sogar das Recht der ersten Nacht mit der Braut einfordert, ein Brauch, der in Mesopotamien sonst unbekannt war und deshalb im Epos der Schilderung von Gilgameschs despotischer Herrschaft dient, die ihm sogar von Geburt an vorbestimmt sei. Auf der anderen Seite sorgt sich Gilgamesch um seine Leute, er verspricht ihnen Feste, er wird von den Worten seines Freundes Enkidu zu Tränen gerührt, er führt ihn an der Hand. Während er für seine Stärke und Macht gepriesen wird, weisen ihn die Ältesten von Uruk in Schranken: «Du bist (noch) jung, Gilgamesch» (II 289), und sie zeihen ihn der Unwissenheit, der sonst seiner Weisheit wegen gerühmt wird. Gilgamesch zieht voll Tatendrang in den Zedernwald, doch schon die ersten Träume erschrecken ihn, sodass Enkidu ihm Mut zusprechen muss. Entgegen dem Rat seines Freundes Enkidu, seiner Mutter und der Ältesten will er Humbaba töten; aber als er ihm begegnet, lässt er sich fast durch dessen Flehen erweichen und vergisst die Gefahr. Die prächtige Erscheinung des Königs in Uruk und der starke Held im Zedernwald stehen in markantem Gegensatz zu dem erbarmungswürdigen Lebenssucher im zweiten Teil, der abgehärmt und in Felle gekleidet durch die Steppe streift. Am Ende der Welt angekommen, greift er die an, die ihm helfen wollen, sogar Utnapischti, das Ziel seiner Reise. Aus dem Mund des Weisen hört der König von Uruk dann als Erstes den Vergleich mit einem *lillû*, einem «Niemand». Gilgamesch gelingen großartige Triumphe wie der Sieg über Humbaba oder den Himmelsstier, doch er muss auch herbe Verluste ertragen: Sein Freund Enkidu muss sterben, seine Reise zu Utnapischti führt nicht zu dem erhofften Ziel. Und ein blamableres Ende als der Verlust des Lebenskrautes beim Baden lässt sich kaum vorstellen.

Das Epos zeichnet keinen perfekten Helden, sondern durch scharfe Kontraste einen Menschen mit außergewöhnlichen Fähigkeiten und starken Schattenseiten, der gewinnt und der leidet; der Dichter hat für ihn die treffende Bezeichnung *ḫadi-ua-amīlu* «Froh-(und)-Wehe-Mann» gefunden. Damit vermeidet das altorientalische Epos den nur siegreichen und allzeit perfekten, dabei aber immer auch ein wenig langweiligen Helden und bietet stattdessen ein menschliches Wesen mit Fehlern und Misserfolgen, mit dem man sich dann in Maßen identifizieren kann. Gilgamesch erwirbt durch seine Fahrten Erfahrung und Wissen, wie es im Prolog zusammengefasst wird. Ob er auch ein anderer Mensch geworden ist, ob er seelisch gereift ist, das behandelt das Epos nicht direkt. Die Erfahrungen von Gilgamesch konnten jedoch exemplarisch Wege aufzeigen, mit den im Epos geschilderten Situationen umzugehen. Dass der Held als Mensch mit Stärken und Schwächen dargestellt wird, hebt das Gilgamesch-Epos unter den altorientalischen Literaturwerken heraus und trägt entscheidend zu seiner zeitlosen Faszination und Relevanz bei.

Der Name Gilgamesch

Der Name war in Mesopotamien mit der Existenz des Menschen verbunden. Namen bildete man in der Regel in den jeweils gängigen Sprachen, sie waren dann für den Zeitgenossen unmittelbar verständlich. Altorientalische Namen kann man daher aufgrund der gebrauchten Sprache, der Grammatik, der Dialektformen, aber auch der Vorlieben für bestimmte Namenstypen in der Regel bestimmten Perioden und Gegenden zuweisen. Nach dem Namen Gilgamesch zu fragen bedeutet also erstens, nach der Herkunft des Namens und damit nach dem Ursprung der Gestalt Gilgamesch zu suchen, und zweitens, ein Verständnis dafür zu entwickeln, welche Assoziationen der Name bei einem Sumerer oder Babylonier auslöste.

Der Name Gilgamesch verschließt sich einer akkadischen Etymologie. Der Babylonier oder Assyrer fasste diesen Eigennamen also wie wir auf, ohne damit eine wörtliche Bedeutung zu assoziieren. Solche nicht unmittelbar verständlichen Eigennamen wurden in der Keilschrift manchmal mit ungewöhnlichen Wortzeichen geschrieben, die außerhalb der Namen kaum erscheinen. Das ist bei vielen Götternamen der Fall und es trifft auch für den Namen *Gilgamesch* zu. Im jungbabylonischen Epos wird sein Name ^{d}GIŠ.GIN$_{2}$.MAŠ geschrieben. Dem Namen wird ein Determinativ vorangestellt, das ihn als einen Gottesnamen klassifiziert (Zeichen DINGIR «Gott», in der Umschrift ^{d} für *deus*). Wollte man ^{d}GIŠ.GIN$_{2}$.MAŠ phonetisch lesen, so könnte man etwa ^{d}*giš-gim*$_{2}$*-maš Gišgimmaš* erhalten (*š* ist wie *sch* zu sprechen). In der Frühzeit der Keilschriftforschung las man dieselben Zeichen mit anderen Lautwerten als ^{d}*iz-ṭu-bar*. Von seiner Wiederentdeckung im Jahr 1874 an wurde unser Held daher Izdubar oder Gišṭubar genannt, bis man 1890 in einem spätbabylonischen gelehrten Kommentar die Angabe fand, dass die Zeichenfolge ^{d}GIŠ.GIN$_{2}$.MAŠ vielmehr ^{d}*gi-il-ga-meš*, also *Gilgameš* zu lesen sei. Diese Lesung wird durch Varianten wie *Gilgamiš, Kilgames, Galgames* oder *Galgamiš*, abgekürzt auch *Gelga*, bestätigt, die sich im zweiten Jahrtausend in der Keilschriftliteratur finden. Wegen der Stellung in den babylonischen Versen wird der Name nicht auf der ersten Silbe (*gílgameš*), sondern der zweiten langen Silbe (*gilgá:meš*) betont.

Der Name findet sich noch außerhalb der Keilschriftliteratur, ohne dass jedoch ein Bezug zum Epos vorläge. Im Aramäischen der Qumran-Schriften (1. Jahrhundert v. Chr.) heißt *glgmyš/s* einer der bedrohlichen Riesen, zu denen auch Ḥôbabiš, wohl der alte Humbaba, zählt; als ‹Riesen› erfahren die beiden ein Nachleben in der manichäischen Literatur bis ins Mittelalter. Im Griechischen erscheint bei Aelian (um 200 n. Chr.), der auf Berossos (s. S. 122) zurückgriff, ein babylonischer König *Gilgamos*, der allen Vorsichtsmaßnahmen des alten Königs Seuechoros zum Trotz von dessen Tochter als Sohn eines ‹Unsichtbaren›, eines ‹Niemand› geboren wurde und den als Neugeborenen ein Adler rettete, als er vom Turm geworfen wurde.

Gilgameš/s ist die akkadische Form des Namens, im Sumerischen lautete er *Bilgames*, manchmal kurz *Bilga*. *s* und *š* können im Sumerischen und Akkadischen ohnehin wechseln, auch die Variation von *g* und *b* ist bekannt, doch kann hier auch eine lautliche Angleichung erfolgt sein: Der akkadische Name *Gilgameš* ist also eine Übernahme des sumerischen *B/Gilgames*. Was bedeutet dieser Name? Die Folge von zwei Nomina, *bilga* «väterlicher Ahn» und *mes* «Jüngling, junger Held», ist in der frühesten Namenschicht häufig. Der Name hieße dann etwa «der väterliche Ahn (ist) ein jugendlicher Held» oder in bewusst altertümlichem Deutsch «der Vetter ist ein Junker».

So zeichnet sich immerhin ab, dass der Name des Helden auf einen sumerischen Namen *B/Gilgames* zurückgeht. Die Namenselemente verweisen in die Schicht der ältesten sumerischen Personennamen, wie sie in Urkunden aus Fara und Ur (etwa 27. Jahrhundert) bezeugt sind, dieser Namenschicht ist etwa auch der Name *Dumuzi* zuzuweisen (vgl. S. 34 f.). *Bilgames* wurde als *Gilgameš* ins Akkadische übernommen. Welche Überlegungen dort zu den Schreibungen ^{d}GIŠ.GIN$_{2}$.MAŠ (jungbabylonisch) oder nur ^{d}GIŠ (altbabylonisches Epos) führten, ist bis heute nicht befriedigend geklärt, wenngleich ^{d}GIŠ als Kurzschreibung für ein *Bilga* oder *Gilga* aufgefasst werden könnte.

Die Mehrdeutigkeit der Keilschriftzeichen lud die gelehrten Schreiber ein, eine weitere Bedeutungsebene in der Schrift zu verstecken. In der Schreibung ^{d}GIŠ.GIN$_{2}$.MAŠ wurde das letzte Zeichen gelegentlich statt MAŠ auch BAR(.RA) gelesen; das lässt an die ebenso geschriebene sumerische Wendung *giŋ bar* «mit der

Axt bearbeiten, entasten» denken. Auch wenn der Name *Gilgameš* gesprochen wurde, so konnten die Zeichen auf der Ebene der Schrift ebenso gut sumerisch im Sinne von «der den Baum mit der Axt bearbeitet» gelesen werden. Solche auf das Schriftbild beschränkten Doppeldeutigkeiten erschlossen sich jedenfalls nur dem Leser oder Schreiber und sind in der späteren Schriftkultur Mesopotamiens durchaus nicht ungewöhnlich. Es liegt freilich in der Natur gelehrter Anspielungen, dass sich hier noch weitere, bisher unentdeckte Hinweise verbergen können.

Übrigens bereitet auch der Name *Enkidu* etymologische Schwierigkeiten. Nach der Schreibung der älteren Texte als ^{d}*en-ki-du*$_{10}$ versuchte man eine Deutung wie «(Beim) Herrn ist ein guter Ort». Wäre diese Etymologie aber richtig, dann müsste in sumerischen Texten im Kasus des Ergativ **Enkiduge* stehen; die sumerischen Gilgamesch-Epen schreiben aber ausnahmslos *Enkidu'e*. Das letzte Element des Namens Enkidu kann also nicht das Wort «gut, süß» (*du(g)*) sein. Was der Name *Enkidu* dann bedeuten kann, ist völlig unklar.

König Gilgamesch: Die *Sumerische Königsliste* und die historische Tradition

Im Epos ist Gilgamesch der König von Uruk. Seine Macht stützt sich auf die Ältesten und die Generäle (III 214), er hat Zugang zur königlichen Schatzkammer, um Grabbeigaben auszuwählen (VIII 94). Mit dem Bau der Stadtmauer und der Tempel (I 11) erfüllt er die Aufgaben eines mesopotamischen Königs. Am Beginn steht als Negativbeispiel der Tyrann, der die Leute seiner Stadt drangsaliert; am Ende erläutert ihm Utnapischti die Privilegien des Herrschers, vielleicht auch dessen Pflichten, doch lässt sich das dem hier schlecht erhaltenen Text nicht sicher entnehmen (X 284–293). Die Schilderung des unerbittlichen Tyrannen am Beginn des Epos ist keine Kritik am Königtum, sondern sie zeigt exemplarisch auf, wie aus einer gnadenlosen Unterdrückung der prototypische König hervorgegangen ist, ähnlich wie der Mythos die Entstehung der bekannten Welt und die richtige

Ordnung anhand eines eigentlich ‹undenkbaren› Negativbilds erklärt. In diesem Rahmen ließ die Tyrannis des Gilgamesch sich im Alten Orient auch als Warnung lesen, nicht in die Vorformen des ‹richtigen› Königtums zurückzufallen. Denn Gilgamesch galt in Mesopotamien als Urbild der Könige, und im Epos wurde mit seiner Entwicklung auch die des Amts nachvollzogen.

In der sumerischen Literatur trägt Gilgamesch meist den Titel «Herr von Kulaba». *Kulaba* war der literarische Name eines Bezirks von Uruk. Der hier als «Herr» übersetzte sumerische Titel *en* wurde allein in Uruk im dritten Jahrtausend verwendet, später lebte er nur noch in der Bezeichnung von Hohepriester oder Hohepriesterin weiter. Weshalb Gilgamesch oft auch «kleiner (= junger) Herr» (sumerisch *en tur*) genannt wurde, bleibt deshalb rätselhaft, weil ihm dieser Beiname noch auf seinem Totenbett zukommt.

Mindestens seit dem späten dritten Jahrtausend nimmt Gilgamesch als König von Uruk einen festen Platz in der historischen Tradition Mesopotamiens ein. Das wichtigste Zeugnis bildet die *Sumerische Königsliste*. Eine Stadt habe mit einer Reihe von Herrschern jeweils das Königtum innegehabt, bis sie besiegt worden sei und das Königtum auf die nächste Stadt übergegangen sei. Die *Sumerische Königsliste* führte bis in die jeweils aktuelle Gegenwart und bildet für ihren letzten Abschnitt eine der wichtigsten historischen Quellen. Denn ab Lugalzagesi von Uruk und der Dynastie Sargons von Akkade (24. Jahrhundert) lassen sich die Herrscher und Dynastien in ihren eigenen Inschriften identifizieren.

Die älteste erhaltene Fassung wurde unter Schulgi von Ur (2092–2045) geschrieben. Sie beginnt mit den Worten:

> «Als das Königtum vom Himmel herabkam, da war (die Stadt) Kisch König.»

Unter den Königen von Isin (20.–19. Jahrhundert) wurde die Liste ständig aktualisiert und auch erweitert. Unter den Dynastien von Larsa und Babylon (19.–18. Jahrhundert) wurde sie fleißig kopiert und ging schließlich übersetzt auch in die akkadische Tradition ein. Eine frühere Fassung aus der Isin-Zeit begann so (Z. 40–42):

> «Nachdem die Flut alles hinweggefegt hatte, kam das Königtum vom Himmel herab und in Kisch war das Königtum.»

Die Geschichte der Menschheit und ihre Ordnung des Königtums begann demnach mit der Sintflut (dazu S. 76 f.). Kisch galt nicht ohne historischen Grund als Stadt des ersten Königtums, denn der «König von Kisch» stand um die Mitte des dritten Jahrtausends in Mesopotamien als Einziger über den einzelnen Stadtfürsten; sogar Fürsten aus anderen Orten als Kisch konnten diesen Titel erlangen. Das Wissen um die frühere Dominanz von Kisch dürfte dessen prominenten Platz in der Königsliste begründet haben. In einer späteren Fassung der *Sumerischen Königsliste* wurde auch der Zeitraum vor der Sintflut ausgelotet. Dabei enden die vorsintflutlichen Dynastien mit der Stadt Schuruppag und mit dem letzten Herrscher Zi'usudra, dem sumerischen Namen des Sintfluthelden (s. auch XI 11, 23; vgl. S. 75–77).

Um den unermesslich langen Zeitraum anzudeuten, der seit der Sintflut verstrichen war, wurden den ersten Herrschern von Kisch in der *Sumerischen Königsliste* jeweils tausende Jahre Regierungszeit zugeschrieben. Das Ende von Kisch I mit seinen beiden letzten Herrschern und der Beginn von Uruk I, der Dynastie Gilgameschs, lautet (Z. 83–116):

> Enmebaragesi, der das Land Elam mit der Waffe schlug, war König; er machte 900 Jahre.
> Agga, der Sohn des Enmebaragesi, machte 625 Jahre.
> 23 Könige, sie machten 24 510 Jahre 3 Monate und 3 ½ Tage (= Summenformel für die gesamte Kisch I-‹Dynastie›).
> Kisch wurde mit der Waffe geschlagen, sein Königtum wurde nach Eana (= Uruk) gebracht.
> In Eana war Meski'ang-gascher, der Sohn von Utu, Herr und er war König; er machte 324 Jahre.
> Meski'ang-gascher betrat das Meer, erstieg das Gebirge.

Enmerkar, Sohn von Meski'ang-gascher, König von Uruk, der Uruk erbaut hat, machte 420 Jahre.

Periode des Meski'ang-gascher.

Lugalbanda, der Hirte, machte 1200 Jahre.

Dumuzi, der Fischer, dessen Stadt Kuara ist, machte 100 Jahre.

Bilgames, dessen Vater ein Schemen (wörtlich ‹ein Windhauch›) war, Herr von Kulaba, machte 126 Jahre.

Ur-Nungal (Variante zu Ur-lugal), Sohn des Gilgamesch, machte 30 Jahre.

Die Dynastie von Uruk endet nach zwölf Königen mit 2310 Jahren, und das Königtum geht auf Ur über. Im zitierten Abschnitt von Uruk I drängen sich die Gestalten der sumerischen Epik: Enmerkar, Lugalbanda und Gilgamesch (sumerisch Bilgames). Dieser ist der letzte König der Liste mit einer sagenhaft langen Regierungszeit, als sollte er eine Grenze zwischen Mythos und ‹Geschichte› repräsentieren.

Die *Sumerische Königsliste* formuliert prägnant das frühe mesopotamische Konzept des einzigen Königtums. Die gelehrte Konstruktion zeigt sich in der Wahl und Abfolge der Orte, der Auswahl der Könige und in den knappen Notizen. Dabei war die Liste durchaus tendenziös, indem etwa das mächtige Lagasch überhaupt nicht erwähnt wurde, obwohl es einmal mit Eanatum einen «König von Kisch» gestellt hatte. Für andere Texte diente diese Königsliste als Quelle, so für die sumerische *Tummalchronik*, die wohl im 20. Jahrhundert verfasst wurde: Jeweils Vater und Sohn bauten die Heiligtümer für Enlil in Nippur und dessen Gemahlin Ninlil in Tummal, darunter auch Gilgamesch und sein Sohn Ur-lugal (sumerisch etwa «Mann des Königs»).

Historischer Gilgamesch oder sagenhafter König?

Wie die Königsliste zeigt, war Gilgamesch im mesopotamischen Verständnis ein historischer König von Uruk. Außerdem verweist Schulgi von Ur (2092–2045) in *Schulgi und Gilgamesch* (S. 57) auf den Sieg gegen Kisch, und Anam von Uruk (um 1800) nennt die Stadtmauer des Gilgamesch (s. S. 24). Authentische, zeitgenössische Quellen zu Gilgamesch fehlen aber. Deshalb lässt sich nicht nachweisen, ob es einst einen historischen König Gilgamesch gab, um den sich später Erzählungen und Sagen rankten.

Die ältesten Belege für Gilgamesch datieren in die Zeit der frühesten sumerischen Texte. Die große Götterliste aus Fara (26. Jahrhundert) kennt einen Gott *Bilgames* (s. oben); und in den archaischen Texten aus Ur (etwa 27. Jahrhundert) gibt es eine Person namens *Bilgames-Utu-pada*. Dafür wurde eine Deutung «Bilgames, von Utu ausgewählt» vorgeschlagen. Frühe sumerische Personennamen bieten gelegentlich preisende Aussagen, so dass hiermit der erste Hinweis auf den Helden vorläge, der schon in den sumerischen Epen mit dem Sonnengott eng verbunden ist. Altsumerische Personennamen (24. Jahrhundert) können sich zudem auf den Herrscher oder die Herrin beziehen, so dass der genannte Personenname einen König Gilgamesch in der Zeit der archaischen Texte von Ur belegen würde (also je nach archäologischer Argumentation in der Phase Frühdynastisch I oder II). Dennoch bleibt der Verweis unsicher, denn der Personenname steht vereinzelt da, und er lässt sich auch anders deuten: «Jugendlicher Vetter, von Utu ausgewählt» oder «Vetter, von Utu erwählter Junker».

Wie oben ausgeführt datiert der Namenstyp *Bilgames* in die Zeit der frühesten sumerischen Texte (etwa 27. bis 26. Jahrhundert), er könnte durchaus ein wenig älter sein. Am Beginn der frühdynastischen Zeit (Frühdynastisch I, etwa 29./28. Jahrhundert) erlebte Uruk eine besondere Blüte mit dichter Besiedlung, damals wurde die imposante etwa zehn Kilometer lange Stadtmauer mit ihren Türmen und Vorsprüngen erbaut. Da die Mauer von Uruk zumindest seit altbabylonischer Zeit (um 1800) Gilgamesch zugeschrieben wurde, sah man darin auch einen Hinweis auf den historischen Gilgamesch. Für die *Sumerische Königsliste* (s. S. 46) und die sumerische Epik (*Lugalbanda II* 300–305) war es jedoch Enmerkar, zweiter König der I. Dynastie von Uruk, der die Stadt gegründet und die Mauer erbaut hat.

Dass die Helden der sumerischen Dichtung einst mesopotamische Könige waren, glaubte man weiterhin zwei frühen Inschriften (etwa 27./26. Jahrhundert?) eines «Mebaragesi, König von Kisch» zu entnehmen. Denn der Name Mebaragesi erinnert unmittelbar an Enmebaragesi, den vorletzten König von Kisch in der *Sumerischen Königsliste* (s. oben). Gilgamesch besiegte ihn nach *Schulgi und Gilgamesch* (S. 57), nach dem sumerischen Epos dessen Sohn Agga, in einem Manuskript der *Sumerischen Königsliste* stand aber Dumuzi, der Vorgänger Gilgameschs, dem König Enmebaragesi gegenüber. In *Gilgamesch und Huwawa A* (Z. 139) bietet Gilgamesch seine «Schwester Enmebaragesi» dem Unhold Huwawa als Braut an. Ist das ein sarkastischer Scherz oder Hinweis darauf, dass sich hinter der Schreibung Enmebaragesi mehrere Figuren verbergen können? Und ist es gerechtfertigt, die Sagenfigur Enmebaragesi mit dem historischen Mebaragesi gleichzusetzen? Keiner der frühen Helden lässt sich also sicher in den frühen Inschriften identifizieren.

In Gilgamesch einen historischen König zu sehen, erscheint ferner auch deshalb nicht ausgeschlossen, weil wir in Mesopotamien gut nachvollziehen können, wie ein herausragender König zur Sagengestalt wurde. Deutlich ist das bei Sargon von Akkade (etwa 2323–2284), der aus den Kriegen zwischen den großen Bündnissen von Ebla in Syrien bis Uruk im Süden Mesopotamiens als Sieger hervorging und so ein Reich eroberte, das in seinem Umfang alles Bisherige übertraf. Unter seinen Nachfolgern ragte Naram-Sin (oder Naram-Suen, etwa 2261–2206) heraus. Sumerische Dichtungen über Sargon und Naram-Sin begannen wenig später unter den Königen von Ur (21. Jahrhundert) und eine ganze Reihe von Sagen in akkadischer Sprache entstand in altbabylonischer Zeit (19.–17. Jahrhundert). In *Sargons Geburtslegende* berichtet der König in knappen Worten von seiner Herkunft: Eine Hohepriesterin, die als Gemahlin des Gottes ehelos bleiben musste, habe das Kind im Verborgenen zur Welt gebracht und es in einer Schatulle auf dem Euphrat ausgesetzt; der Wasserschöpfer Aqqi (der Name bedeutet «ich goss aus») findet den Säugling, zieht ihn auf; Ischtar «verliebt sich» in den jungen Gärtner; er wird zum König und vollbringt große Taten. Die Aussetzung des unerwünschten Kindes ist ein weit verbreitetes Sagenmotiv, das bei Aelian für Gilgamesch (s. S. 42) oder in der Bibel für Moses auftaucht. Eine sumerische Dichtung berichtet von den Diensten Sargons als Mundschenk bei seinem Vorgänger Ur-Zababa in Kisch; dessen Missgunst und Anschlägen entkommt er durch die Hilfe Inanas/Ischtars. Mehrere Dichtungen behandeln die fernen Eroberungen Sargons, wobei er mit seinem Heer alle Schwierigkeiten besteht und unermessliche Schätze erbeutet. Sargon wurde so zur literarischen Gestalt eines frühen großen Königs, hinter der der historische Sargon immer mehr verschwand.

Wir schließen mit einem Dilemma: Das Beispiel Sargons zeigt, wie ein historischer König in die Sagentradition eintrat. Analog könnte man sich einen herausragenden historischen König Gilgamesch vorstellen. Doch gleichzeitig verschleiern die Erzählungen die historische Figur; ihr wurden nie vollbrachte Taten zugeschrieben. Wenn also der Bau der Mauer von Uruk eine solche sagenhafte Zuschreibung an Gilgamesch sein sollte, ginge uns der wichtigste historische Bezug verloren.

Die ‹Kulturheroen›: Gilgamesch, Enmerkar und Lugalbanda

Gilgamesch eröffnete durch seine Fahrten neue Wege. Er gelangte in den Zedernwald, legte Brunnen an, überquerte das Meer; zudem brachte er das Wissen um die Sintflut, führte Kultordnungen und Riten ein. Dem Gebildeten in Mesopotamien waren diese Taten vertraut, so dass sich Hinweise darauf auch außerhalb der Gilgamesch-Erzählungen finden. Den Beginn wesentlicher Merkmale babylonischer Kultur verband man so mit dem Heros Gilgamesch.

Im sumerischen *Tod des Gilgamesch* wohl aus altbabylonischer Zeit (s. S. 67 f.) rekapitulieren die Götter seine Leistungen, da selbst sie ihn nicht vor seinem menschlichen Schicksal bewahren können (Z. 52–61 = 143–152):

In dieser Angelegenheit – Wege gezogen, so viele es gibt:
um dabei die Zeder, den einzigartigen Baum, aus ihrem Gebirge herabzubringen,
um dabei Huwawa in ihrem (: der Zeder) Wald zu erschlagen,
dass man dich auf Steleninschriften gesetzt hat für alle Zeiten;
– die Tempel der Götter gegründet:
der Zi'usudra an seinem Ort erreicht hat,
der für die damals zerstörte Ordnung von Sumer, die für Ewigkeiten althergebrachte,
Anordnungen und Dienste ins Land gebracht hat,
so dass Handreinigung und Mund[reinigung] geregelt sind,
der [...] der Sintflut über die *Wohnstätten* des Landes erfahren hat, [...]

Der Text ordnet die Taten unter zwei Punkten an: den Reisen («Wege gezogen») und dem Einrichten der Kulte («Tempel der Götter gegründet»). Die Fortsetzung ist leider nicht erhalten.

Entscheidend für die Rolle von Gilgamesch als Kulturbringer war seine Begegnung mit Utnapischti: Dadurch wurde er zum einzigen Menschen, der über die Sintflut und das dort von den Göttern beschlossene Wesen des Menschen berichten konnte. Er brachte denn auch die Kultordnungen, die von der Sintflut zerstört worden waren. Altehrwürdige Tradition, eine im Wortsinn ‹vorsintflutliche› Vergangenheit, galt in Mesopotamien als höchster Wert; das lange Bestehen versprach eine ebenso lange, ewige Zukunft.

Um Enmerkar und Lugalbanda, in der *Sumerischen Königsliste* Vorgänger von Gilgamesch als Herrscher von Uruk, rankten sich ebenso Erzählungen, in denen die Helden durch ihre Entdeckungen dem Land zuvor unbekannte Kulturgüter schenkten. Diese vier sumerischen Epen kreisen um die Auseinandersetzung mit Aratta, dem sagenhaften, allein aus der Literatur bekannten Königssitz hinter den Gebirgsketten und jenseits aller iranischen Städte. Nach den Epen verfügte Aratta über Edelmetalle und Edelsteine. Damit ist sicher ein historischer Bezug zu den im dritten Jahrtausend so wichtigen Handelsbeziehungen mit Iran gegeben, denkt man allein an den Import des begehrtesten Edelsteins dieser Zeit, des leuchtend blauen Lapislazuli. In den Epen um Enmerkar und Lugalbanda stehen sich Uruk und Aratta als zwei gleiche Städte gegenüber, beide mit Ältestenrat und einem Herrscher und beide sind der Göttin Inana geweiht. Der Machtanspruch äußert sich in der Zuneigung der Göttin Inana, und obwohl letztlich Uruk obsiegt, bleibt Aratta glanzvoll bestehen.

Dass begehrte kostbare Güter aus weiter Ferne herangeschafft werden müssen, wird auch in den Gilgamesch-Erzählungen dargestellt. Doch bei der Fahrt in den Zedernwald begibt man sich nicht wie in den alten sumerischen Epen in eine gleichwertige Zivilisation, sondern der Zedernwald ist ein mythisch-ferner, unbewohnter Ort, von einem Dämon bewacht (s. S. 29).

Mit Witz und Geisteskraft muss Enmerkar, der «Sohn Utus», gegen das ferne Aratta bestehen. In *Enmerkar und Ensuchkeschdanna* (so heißt der Herrscher von Aratta) beginnt der Konflikt mit dem Machtanspruch Arattas. Ensuchkeschdanna sendet einen fremden Zauberer, der die Rinder- und Schafherden des Landes verflucht. Sumer wird von einer weisen Frau gerettet, die am Fluss einen Wettkampf gegen den Zauberer gewinnt: Beide zaubern Tiere aus dem Fluss; doch die des Zauberers werden immer von denen der weisen Frau gepackt, der Karpfen vom Adler, das Schaf vom Wolf usw. Ensuchkeschdanna muss nun die Hoheit Uruks anerkennen.

Das mit etwa 642 Zeilen recht umfangreiche Epos *Enmerkar und der Herr von Aratta* dreht sich um einen Wettstreit der beiden Herrscher, der mithilfe eines Boten ausgeführt wird. Enmerkar, der «Herr von Kulaba», verlangt, dass Aratta sich unterwerfe, doch stattdessen stellt der Herr von Aratta Aufgaben: Getreide in Netzen heranzuschaffen; ein Zepter, das nicht aus Holz, Stein oder Metall, also den in Aratta üblichen Materialien, gefertigt sei; und einen Hund in einer unbekannten Farbe zu bringen. Die langen Reisen des Boten, die Wiederholungen, die hochliterarischen Vergleiche und hymnische Abschnitte dehnen die Erzählung. Enmerkar schickt gekeimte Gerste in Netzen, verfertigt ein Zepter aus dem im Bergland unbekannten, in Sumer heimischen Schilfrohr und stellt eine Gegenforderung,

Stoffe in einer unbekannten Farbe zu senden. Doch die entscheidende Erfindung, die letztlich Sumers kulturelle Überlegenheit demonstriert, gelingt Enmerkar bei der dritten Reise des Boten, indem er die Tontafel und das Schreiben entdeckt, damit der Bote sich die Instruktionen merke (Z. 500–510):

> Das war seine (: Enmerkars) Rede, ihr Sinn drohte unterzugehen.
> Der Bote aber konnte sie nicht wiederholen; die Sache war zu schwer.
> Weil der Bote sie nicht wiederholen konnte – die Sache war zu schwer –,
> knetete der Herr von Kulaba Ton, setzte darauf Worte wie ein Siegel.
> Seit Urzeiten hatte es das nicht gegeben, Worte auf den Ton zu setzen,
> jetzt aber, unter dieser Sonne, sollte es so sein.
> Der Herr von Kulaba setzte Worte [auf den Ton?], so sollte es sein.
> Der Bote zog mit den Armen flatternd wie ein Vogel los,
> wie ein Wolf, der dem Zicklein folgt, fletschte er die Zähne.
> 5 Berge, 6 Berge, (dann) 7 Berge überquerte er dabei,
> dann erhob er den Blick, er näherte sich Aratta.

Der Bote übergibt die Tontafel (Z. 537–540):

> Der Herr von Aratta hat vom Boten
> dessen zusammengeballten Ton erhalten.
> Der Herr von Aratta wandte sich dem Ton zu,
> das gesagte Wort war (nur) ein Keil, seine Stirn runzelte sich im Zorn.

Da bricht ein Gewitterregen los, der in Aratta das Getreide sprießen lässt. Dafür wird für Uruk nach Metallen und Edelsteinen geschürft. Die Textlücken erlauben zwar keine genaue Rekonstruktion des Schlusses, doch scheint man sich nun auf das Urteil der Göttin Inana hin geeinigt zu haben.

Die beiden Lugalbanda-Epen schließen an diese Thematik an: Enmerkar, der König von Uruk, zieht mit seinem gesamten Heer gegen Aratta. Lugalbanda ist unter seinen Heerführern der achte und der jüngste. *Lugalbanda I* oder *Lugalbanda in der Höhle des Gebirges* (499+x Zeilen) beginnt mit dem Auszug des Heeres, das in *Lugalbanda II* oder *Lugalbanda und Anzu* (417 Zeilen) vor Aratta liegt. Lugalbandas Abenteuer spielen aber anders als die Enmerkars in der unbekannten und unheimlichen Bergwildnis. Denn beim Zug des Heeres erkrankt Lugalbanda mitten im Gebirge und seine sieben «Brüder» müssen ihn mit Proviant zurücklassen. Der Todkranke betet zu den Gestirnen: zur untergehenden Sonne Utu, zum Venusstern Inana, zum Mondgott Suen und wieder zum aufgehenden Utu, der ihn erhört. Da wachsen für Lugalbanda heilende Kräuter, er trinkt heilendes Wasser. Genesen bricht er auf, kann aber aus dem Proviant seiner Brüder kein Brot backen. Aus Feuersteinen kann er Feuer schlagen und erfindet ein mit Kräutern des Waldes verfeinertes Gebäck, das sich mit «sieben Kohlen» backen lässt. Nachdem er Tiere gefangen hat, legt sich Lugalbanda zum Schlaf nieder. Im Traum wird ihm geweissagt, die Tiere zu opfern. Zu Sonnenaufgang führt Lugalbanda das Opfer für die großen Götter durch: Er schlachtet die Tiere, ruft die Götter an, präsentiert Bier als Getränk, vergießt ein wenig Wasser, röstet das Fleisch am Feuer. Im letzten, schlecht erhaltenen und noch schwer verständlichen Teil des Textes dürfte Lugalbanda nach dem Baden der Waffen in einer Reihe von Beschwörungen und Gebeten den Schutz hilfreicher Dämonen erbitten.

Lugalbanda II beginnt im Gebirge: Der einsame Lugalbanda weiß die Gunst des riesenhaften löwenköpfigen Anzu-Vogels zu gewinnen, indem er bei seiner Abwesenheit dessen Junge füttert und schmückt. Statt der dafür angebotenen Gaben, Edelmetall, Waffen oder reichem landwirtschaftlichen Ertrag, bittet er um die Fähigkeit, schnell laufen zu können. Er erreicht die überraschten «Brüder» vor Aratta. Die Belagerer können die Stadt nicht einnehmen, deshalb müssen sie Inana in Uruk um Hilfe bitten. Da niemand von seiner Gabe erfahren darf, eilt Lugalbanda alleine zurück und betet zu Inana. Sie eröffnet ihm den siegbringenden Ritus und rät ihm, aus Aratta auch die Schmiede und die Steinschneider nach Uruk zu bringen.

Lugalbanda führte so das Metall- und Steinhandwerk in Uruk ein, er brachte das Opferritual und von Inana erfuhr er magische Riten. Gilgamesch fügt sich in diese Reihe kulturstiftender Heroen nahtlos ein, wenn er die Zeder schlägt, sich einen Namen setzt oder die Weisheit des Sintfluthelden erfährt. Alle Heroen von Uruk unterstehen dem Schutz des Sonnengottes, er hilft Lugalbanda und Gilgamesch auf ihren Fahrten, als «Sohn Utus» werden Meski'ang-gascher in der Königsliste (s. S. 45) und Enmerkar im Epos bezeichnet.

Lugalbanda galt als Vater von Gilgamesch in den sumerischen Gilgamesch-Erzählungen. Im Kult von Uruk war er der Gemahl von Gilgameschs Mutter Ninsun. Doch im akkadischen Epos erscheint Lugalbanda als sein persönlicher Gott, sein Vater ist hier nicht genannt. In der *Sumerischen Königsliste* (S. 46) und dann wieder bei Aelian (S. 42) ist Gilgameschs Vater ein ‹Niemand›.

An dieser Stelle ist noch kurz auf die Zuneigung der Inana/Ischtar dem Herrscher gegenüber hinzuweisen. Die Liebesgöttin wendet sich dem Herrscher in Liebe zu, so wie jede Gottheit die ihr eigenen Gaben an die Menschen verschenkt, z. B. Enki den Verstand und Utu das Recht. Den Prototyp für dieses Liebesverhältnis zwischen Herrscher und Göttin bildet die Liebe der Göttin zum Hirten Dumuzi (s. S. 34 f.). Die moderne Forschung hat daraus den Ritus einer sogenannten ‹Heiligen Hochzeit› zwischen dem König und einer Repräsentatin der Göttin beim Neujahrsfest konstruieren wollen. Doch obwohl der königliche Festkalender in neusumerischer Zeit gut bekannt ist, lässt sich dieses angebliche Hauptfest nicht nachweisen. Wieder einmal hat man in der Forschung Literatur zu wörtlich genommen: Die vorgestellte Liebe zwischen Herrscher und Göttin muss nicht als ‹Theater› inszeniert werden; die Realität des Kultes setzt andere Schwerpunkte als die Literatur. Dennoch sollte man die Bedeutung von Inana für den Herrscher nicht unterschätzen. Inana, Herrin von Sexualität und Krieg, war eine der wenigen Göttinnen, die als Hauptgottheit eines großen Tempels verehrt wurden. Ihr wichtigstes Heiligtum in Sumer war das Eana (auch:

Eanna) von Uruk, doch galt sie ebenso als Stadtgöttin von Kisch und Akkade, den nördlichen Königsstädten im dritten Jahrtausend. Frühdynastische Könige von Uruk verweisen ebenso wie Sargon und seine Nachfolger in Akkade auf die Unterstützung ihrer Stadtgöttin. Das Thema wurde in der Literatur aufgenommen, in den Sargon-Erzählungen ebenso wie in den Epen um Enmerkar und Lugalbanda.

Vor diesem Hintergrund ist das Verhältnis von Gilgamesch und Ischtar in der Episode vom Himmelsstier zu sehen (ansonsten versorgt er ja ihr Eana in der üblichen Weise): Anstatt dass der Herrscher die von der Tradition vorgezeichnete Verbindung mit Inana einginge, weist er sie zurück. Inana ist hier auf einmal nicht diejenige, die die Herrschaft verleiht, sondern die wankelmütige Göttin der Liebe. Das sonst machtpolitische Verhältnis wird zu einem emotional-menschlichen, und in dieser Art scheitert es – zumindest vorerst, da offensichtlich Gilgamesch erst nach seinen jugendlichen Fahrten reif für Frauen sein wird.

Gilgamesch, Vorbild der Könige

Die Helden mesopotamischer Dichtung waren fast immer Könige. Nur schwer wird man eine Ausnahme finden, so den Priester Adapa, der bis vor die Götter gelangte.

Nicht nur die sagenhaften Helden wurden besungen, auch die regierenden Könige ließen Texte über ihre Taten verfassen. Diese wurden bevorzugt auf Stelen aus Stein dauerhaft festgehalten und sollten in den Tempeln der Götter auf ewige Zeit den Namen des Königs verkünden. Die akkadische Bezeichnung für «Stele», *narû*, wurde so zum Synonym für «Inschrift» und «Tatenbericht», wobei weder die Form des Denkmals noch der strikte Tatenbericht gewahrt sein musste. Auch Gilgamesch selbst legte ja seine Taten auf einer «Stele» nieder (I 10), und es ist wohl impliziert, dass das gesamte Epos diese Steleninschrift darstelle (s. S. 78 f.). Die auf «Stelen» oder auch auf Statuen oder Statuengruppen, Weihobjekten oder Bauinschriften niedergelegten Taten sollten auf dem dauerhaften Material für immer bestehen, geschützt im Tempel oder in den Fundamenten von Bauwerken. Dieselben Texte oder andere Fassungen dieser Taten wurden auch von Sängern am Hof oder während großer Feste vorgetragen, und solche Königshymnen konnten dann in die Literatur der Schule eingehen und Jahrhunderte lang tradiert werden (s. S. 85–88). Prinzipiell konnten auch andere Personen als allein der König ihre Bauten oder ihre Taten in Inschriften festhalten; doch blieben das immer seltene Ausnahmen.

Der König stand nämlich an der Spitze der Gesellschaft, er gebot als Einziger über die Mittel, Tempel zu bauen oder Kriege zu führen, ihm oblag die Fürsorgepflicht für sein Land. In der Gestalt des Königs konzentrierten sich das Potenzial, die Kultur und die Leistungen des gesamten Landes. Als Exponenten ihrer Gesellschaft und Kultur standen sich der Held und der König besonders nahe. Das Beispiel von Sargon und Naram-Sin von Akkade zeigt, wie sich hier auch die Textsorten vermischten: Die Inschriften der Könige, die vor allem im Tempel des Landesgottes Enlil in Nippur standen, beschrieben ihre Kriegszüge und Eroberungen. In altbabylonischer Zeit gehörten diese alten Inschriften ebenso zur tradierten Literatur wie die sagenhaften Erzählungen, und Dichtung und Wahrheit waren da an mancher Stelle eng verwoben.

Gilgamesch galt unter den Helden des Epos als der Prototyp des mesopotamischen Königs. Schon frühdynastische Weihungen gehen an den «König der jungen Männer», ein singuläres Epitheton für einen sumerischen Gott (S. 58). Die neusumerische Zeit gilt als die Epoche, in der die ersten der später tradierten sumerischen Erzählungen um Gilgamesch entstanden. Utuhengal (um 2110), König von Uruk, zieht mit Unterstützung der Götter Sumers gegen die als barbarische Fremdherrscher dargestellten Gutium unter Tirigan. In seiner Steleninschrift nennt er «Gilgamesch, den Sohn von Ninsun, als Beauftragten», den ihm der Götterherrscher Enlil übergeben habe (Utuhengal-Text 62–64). Als «Beauftragten» bezeichnete man denjenigen, der vor Ort die Geschäfte des Herrn durchführte; Gilgamesch zog also als Beschützer Utuhengals mit diesem gegen den Feind.

Utuhengal blieb ohne Nachfolger in Uruk. Sein Erbe ging auf Urnamma (2110–2093) über, den Begründer der Dritten Dynastie von Ur. Der sah sich als leiblicher Nachfahre Gilgameschs: «Ich (Urnamma) bin der große Bruder Gilgameschs, ich bin der leibliche Sohn Ninsuns, Same des Herrentums!» (*Urnamma C* 112 f.). Mit dem Amt des Gilgamesch übernahm er auch dessen Stellung in der Familie.

Im Opferkult im religiösen Zentrum Nippur spiegelte sich diese Vorstellung darin, dass Ninsun und Lugalbanda, die göttlichen Eltern des Gilgamesch, zusammen mit den Königen von Ur Opfer erhielten, und zwar bei den beiden großen Feiertagen jeden Monats, zu Neulicht, wenn die Mondsichel am Abendhimmel den Monatsbeginn anzeigte, und zu Vollmond.

Dieses Konzept führte bei Urnammas Sohn und Nachfolger Schulgi (2092–2045) zu einem der interessantesten Literaturwerke über Gilgamesch: *Schulgi und Gilgamesch* (*Schulgi O*). Der Dialog zwischen den Brüdern Gilgamesch und Schulgi in einem Gilgamesch-Heiligtum in Ur zählt zu den mehr als zwanzig erhaltenen Hymnen Schulgis, ist aber leider nur in bruchstückhaften Manuskripten überliefert. Doch das Erhaltene zeigt, dass hier schon wesentliche Teile der Gilgamesch-Tradition erfasst sind: Schulgi preist seinen Bruder Gilgamesch dafür, dass er als Städteeroberer auch Kisch geschlagen, dessen Herrscher Enmebaragesi unterworfen und das Königtum nach Uruk gebracht habe; er sei in den Zedernwald gezogen, habe Zedern dem Heiligtum Enlils in Nippur geweiht und den gefangenen «Helden» Huwawa verschont; schließlich dürfte seine Rolle als gerechter Herrscher und Richter angesprochen worden sein. Schulgi bittet seinen Ahn im Amt um dessen Segen, den er, «der rechte Hirte Sumers», dann wohl auch erhalten hat und somit als legitimer Nachfolger etabliert wurde.

Was hier bei Schulgi schon anklang, dass Gilgamesch als erfolgreicher Eroberer angesehen wurde, dem begegnet man ab altbabylonischer Zeit in der literarischen Tradition Mesopotamiens auch an anderer Stelle: Manche Omina galten als Zeichen des Gilgamesch, des mächtigen Königs, der keinen Widerpart hat.

Der Gott-König und Totenherrscher Gilgamesch

König Gilgamesch lässt sich in der historischen Tradition zumindest bis ins 21. Jahrhundert zurückverfolgen. Noch ältere Zeugnisse nennen aber den Gott Gilgamesch.

Das älteste Zeugnis für den Namen Gilgamesch in der Form Bilgames entstammt einer Götterliste aus Fara (26. Jahrhundert). Einige Keulenköpfe aus Stein, archaische Waffen, die laut Inschrift als Weihung dem Gott Bilgames (so sein sumerischer Name, s. S. 42) dargebracht wurden, zeigen eine gewisse Verbreitung des Gilgamesch-Kultes im dritten Jahrtausend. Ein Keulenkopf des Berliner Vorderasiatischen Museums (VA 3123) datiert nach Art der Zeichenformen in die präsargonische Zeit (24. Jahrhundert):

> «Dem Bilgames, dem König der jungen Männer, hat Ur-Ningirima, Sohn des Lugalkagani, der Hirte, diese verfertigte Keule, sie ist aus Alabaster, – dem Starken, dem Sohn der Ninsun hat er sie für sein Leben und das Leben von Gattin und von ihren Kindern geweiht.»

Damit bildet die Inschrift das älteste Zeugnis für Gilgamesch als Sohn von Ninsun (sumerisch eigentlich Ninsumun). Die Weihung richtet sich zwar an den Gott Gilgamesch, doch der Titel «König» verweist auf den historischen Helden; und die Männer begleiten ihn in der Epik auf seinen Fahrten. In präsargonischer Zeit wurde der lebende König noch nicht als Gott verehrt, indem ihm Tempel gebaut wurden, wie dies später Naram-Sin von Akkad einführte und Schulgi von Ur erneut etablierte. Dennoch betrachtete man nicht nur verstorbene Herrscher schon in der präsargonischen Zeit als göttlich, die offensichtlich ihre Nachkommen beschützen sollten und deren Statuen bei Festen Gaben erhielten und neu eingekleidet wurden. Opfergaben kamen vielmehr auch den Statuen des noch lebenden Herrschers oder seiner Gemahlin zu, die als Weihegabe ‹ewig› vor der Gottheit standen. Dass der Herrscher allein an der Spitze der Gesellschaft stand und dabei den Seinen Schutz angedeihen ließ, trug sicher dazu bei, dass er an die Sphäre des Göttlichen heranreichte.

Gilgamesch wurde als Gott der Unterwelt verehrt. Als König im Totenreich sprach er dort Recht; gerechte Entscheidungen zu fällen gehörte ja zu den zentralen Aufgaben eines mesopotamischen Herrschers. Im jungbabylonischen Epos selbst weist Ninsun in ihrem Gebet an den Sonnengott auf diese zukünftige Aufgabe ihres Sohnes hin (III 101–106). Noch deutlicher ist die Rede Enkis im sumerischen *Tod des Gilgamesch*: Zwar könnten ihm die Götter den Tod nicht ersparen, doch sei für ihn immerhin in der Unterwelt die Königswürde vorgesehen.

Im Schrifttum Mesopotamiens finden sich zahlreiche Hinweise auf den Totengott Gilgamesch, der in der Unterwelt als König, als Richter und auch als Steuermann über den Unterweltfluss Hubur wirkt. Seine Hilfe ruft man vor allem an, wenn ein Totengeist einen Menschen belästigt. Gilgamesch, der Sonnengott Schamasch und die Unterweltgötter insgesamt, die Anunaku, sollen den Totengeist, der durch einen bösen Zauber auf die Erde gelangte, zurück in die Unterwelt holen. In Mesopotamien fand die Auseinandersetzung des Menschen mit dem Tod ihre Symbolfigur in König Gilgamesch (vgl. S. 116–118). Die Erzählungen boten dabei die beispielhaften Erfahrungen und in der Gestalt des Totenherrschers wurde dies dauerhaft dargestellt.

4. Sumerische und akkadische Gilgamesch-Erzählungen

Die Gilgamesch-Überlieferung illustriert exemplarisch die Tradition keilschriftlicher Literatur, die sich insgesamt ebenso durch Übernahme wie durch stete Variation, Transformation und Erweiterung auszeichnet. Die lange Tradition von Gilgamesch-Erzählungen in sumerischer und akkadischer Sprache lässt sich am besten in drei Hauptphasen gliedern:

1. Die sechs sumerischen Gilgamesch-Epen sind im Wesentlichen in Manuskripten der altbabylonischen Zeit überliefert (meist etwa 18. Jahrhundert), gehen aber teilweise auf Vorbilder des 21. Jahrhunderts zurück.
2. Das altbabylonische Gilgamesch-Epos in akkadischer Sprache (etwa um 1800) fügt Themen der sumerischen Dichtungen zu einem einheitlichen Werk zusammen, das nur bruchstückhaft überliefert ist und auch in der Späten Bronzezeit (16.–13. Jahrhundert) tradiert wurde.
3. Das jungbabylonische Epos des Sin-leqi-unninni etwa aus dem 11. Jahrhundert beruht auf dem altbabylonischen Text, der umgestaltet und ergänzt wurde. Dieser Text blieb bis ans Ende keilschriftlicher Literatur verbindlich.

Die sumerischen Epen über Gilgamesch: der König und Held

Die Könige der Dritten Dynastie von Ur (2110–2003) verehrten den mythischen König Gilgamesch als ihren «Bruder» und als Garant ihrer Regierung. Daher vermutet man, dass sumerische Gilgamesch-Lieder auch am Hofe von Ur entstanden sind. Die Manuskripte sumerischer Dichtung stammen allerdings im Wesentlichen erst aus dem 18. Jahrhundert, ohne dass man wüsste, wann die Texte selbst verfasst wurden. Aus der Zeit der Dritten Dynastie von Ur sind zwar zehntausende Verwaltungsurkunden erhalten, doch so gut wie keine literarischen Texte, was allein dem Fundzufall zuschreiben ist. Eine seltene Ausnahme bilden Tafeln literarischen Inhalts aus Nippur, darunter einige Gilgamesch-Fragmente. Eines davon gehört zu *Gilgamesch und der Himmelsstier*; ein anderes enthält eine bisher unbekannte Erzählung, in der Gilgamesch einer Frau beiwohnt, sie küsst – ein Thema, das zwar nicht völlig überrascht, aber doch sonst nirgends erscheint.

In Manuskripten altbabylonischer Zeit liegen sechs sumerische Gilgamesch-Epen vor:

Gilgamesch und Huwawa A, 202 Zeilen
Gilgamesch und Huwawa B, ca. 162 Zeilen
Gilgamesch und der Himmelsstier, Fragmente von etwa 130 Zeilen erhalten
Gilgamesch, Enkidu und die Unterwelt, 300 Zeilen (daneben auch längere Fassungen)
Gilgamesch und Agga, 115 Zeilen
Der Tod des Gilgamesch, 305 Zeilen

Gilgamesch und Huwawa, das in zwei unterschiedlichen Fassungen, *A* und *B* genannt, vorliegt, behandelt das größte gemeinsam bestandene Abenteuer von Gilgamesch und Enkidu, den Zug in den Zedernwald und den Kampf gegen Huwawa. Wie in sumerischen Dichtungen üblich, ist Enkidu hier der «Diener» oder «Sklave» und nicht wie im akkadischen Text der «Freund» von Gilgamesch.

Gilgamesch und Huwawa A, das jüngere Epos, beginnt mit einem einschneidenden Erlebnis Gilgameschs: Er sieht Menschen in großer Zahl sterben und die Leichen im Fluss dahintreiben. Um diesem Geschick zu begegnen, will er «sich einen Namen setzen» und mit dem Beistand des Sonnengottes Utu, der ihm sieben dämonische Krieger übergibt, den Zug in den Zedernwald wagen. In Begleitung der jungen Männer von Uruk überqueren die Helden sieben Bergketten, im Zedernwald beginnen sie mit dem Fällen der kostbaren Bäume. Da erscheint Huwawa, eine seiner ‹Auren› trifft die Helden, so dass sie in Ohnmacht fallen. Als sich die beiden dann Huwawa nähern, verspricht Gilgamesch ihm zum Schein allerlei zivilisatorische Annehmlichkeiten, sogar seine Schwestern als Bräute. Huwawa gibt dafür seine sieben ‹Auren›, die als Schutzhüllen fungieren, eine nach der anderen heraus. Doch gleichzeitig stellen sie Zedern dar, die die Männern bearbeiten und bündeln. Der am Ende wehrlose Unhold wird überwältigt, er fleht um sein Leben. Enkidu warnt vor der Gefahr, da wirft der wütende Huwawa Enkidu vor, nur im Sold von Gilgamesch zu stehen, und daraufhin erschlägt ihn Enkidu. Das Haupt präsentieren die Helden dem darob erzürnten Enlil, der nun die sieben ‹Auren› verteilt und so Feld, Fluss, Gebirge, Röhricht, Löwe,

Wald und Palast mit dem ‹Schreckensglanz› Huwawas ausstattet.

Das kürzere Epos *Gilgamesch und Huwawa B* setzt schon im Zedernwald ein. Trotz der weitgehend parallelen Erzählung gibt es einige Unterschiede zur Version *A*. Wahrscheinlich ist sogar das Ende anders als in *A*. Denn obwohl die letzten Zeilen im entsprechenden Manuskript nicht erhalten sind, weist die Dialogführung darauf hin, dass Gilgamesch Huwawa letztlich verschont, dem «Helden» gegenüber sein Wort gehalten habe. Die auf S. 57 zitierte Passage aus *Schulgi und Gilgamesch* würde diese Deutung unterstützen, zugleich bietet diese Parallele einen wichtigen Hinweis auf die Datierung von *Gilgamesch und Huwawa B* in die Zeit der Dritten Dynastie von Ur.

Damit lässt sich ein erstaunlicher Wandel im Huwawa-Bild erkennen. In den älteren sumerischen Dichtungen ist Huwawa ein «Held» und damit ein ebenbürtiger Gegner. *Schulgi und Gilgamesch* und *Gilgamesch und Huwawa B* enden mit der Großzügigkeit des Gilgamesch, die ihn auch im Kampf gegen Kisch in *Gilgamesch und Agga* auszeichnet. Später wurde das Ende umgedeutet: Die Helden erschlagen Huwawa; im jüngeren sumerischen Text *Gilgamesch und Huwawa A* ist es Enkidu, im akkadischen Epos dann Gilgamesch selbst. Der Figur des Huwawa/Humbaba haftet dort aber immer noch eine seltsame Doppeldeutigkeit an. Er bleibt der von Enlil eingesetzte Wächter des Zedernwaldes und steht unter dem Schutz des syrischen Wettergottes Wer, so dass seine Ermordung einen Frevel darstellt, der letztlich auch zum Tod Enkidus führt. Das Erschlagen von Humbaba im jungbabylonischen Epos gilt aber zugleich als Vernichten «allen Übels im Lande» (III 203–205; s. S. 29). Geistesgeschichtlich interessant ist die historische Entwicklung: Die älteste Fassung vom Ende des dritten Jahrtausends sah in Huwawa den «Helden», dem man im Zweikampf begegnet; hier spiegelt sich die historische Situation von königlichen Expeditionen in die Gebirge, um Zedernholz zu gewinnen. In der jüngsten Fassung des 11. Jahrhunderts dagegen war Humbaba ein böser Dämon, der in der Wildnis außerhalb der bewohnten

Welt haust. Die mythisch-dämonische Weltauffassung mit den engen Grenzen der eigenen Welt bildete hier also den *Endpunkt* der Entwicklung, am *Anfang* stand die Personifizierung der Macht des Waldes in der Gestalt des Huwawa.

Zu vermerken bleibt noch, dass in der mesopotamischen Mythologie außerhalb der Gilgamesch-Erzählungen weder Huwawa selbst noch das Haupt des Huwawa eine Rolle spielten (anders als in der klassischen Antike das Haupt der Gorgo, das zudem in der frühen griechischen Kunst dem Humbaba-Bild nachempfunden sein dürfte). Nur das fratzenhafte Gesicht Huwawas, das sich durch riesige Augen und eine überbreite Nase auszeichnete, erschien in bildhaften Vergleichen.

Gilgamesch und der Himmelsstier, ein bruchstückhaft erhaltener Text, bildet das Vorbild für Tafel VI des jungbabylonischen Epos. Die Göttin Inana spricht zu Gilgamesch, nennt ihn mit seinem Epitheton «mein Wildstier», was schon auf das Thema des Textes anspielt. Anstatt im Tempel Eana Recht zu sprechen, solle der König ihr folgen. Das Dilemma ist damit deutlich: Gilgamesch ist als König zur Sorge um seine Untertanen verpflichtet, die Verlockungen Inanas würden ihn davon aber abhalten. Wie im akkadischen Epos ist es hier die Göttin, die sich den Mann holen will, während üblicherweise der Mann eine Frau zur Braut nahm. Gilgamesch weist ihr Angebot zurück, doch nicht wie im akkadischen Epos wegen des Charakters Inanas, sondern weil er sonst – im Tempel Inanas eingesperrt – nicht mehr Tierherden, Silber und Edelsteine erbeuten könne. Der weinenden Inana händigt ihr Vater An den Himmelsstier aus, doch warnt er, dass der Himmelsstier, die Konstellation Taurus am Sternenhimmel, kein Futter auf der Erde finden werde (im akkadischen Epos dagegen muss für Futter in Uruk gesorgt sein). Um ihre Forderung durchzusetzen, stößt Inana einen fürchterlichen Schrei aus, der alles in Angst versetzt, während die akkadische Ischtar (in Tafel VI) droht, die Toten auf die Erde zu lassen und so das Gleichgewicht zwischen Lebenden und Toten zu stören. Als der Stier auf die Erde kommt, sitzt Gilgamesch beim Festmahl. Ein Sänger unterhält ihn dabei.

Enkidu und Gilgamesch stellen den Stier, Gilgamesch erschlägt ihn und als gerechter und fürsorglicher Herrscher verteilt er das Fleisch des riesigen Tieres an die Armen der Stadt; die Hörner stiftet er der Göttin Inana.

Der Prolog zu *Gilgamesch und der Himmelsstier* wird einem Sänger in den Mund gelegt (Z. 1–2):

> Des Helden der Schlacht Lied will ich sagen!
> Des Herrn Gilgamesch, des Helden der Schlacht Lied will ich sagen!

Ein Sänger tritt dann selbst im Text auf, der vom mythischen Stier berichtet. Dieser Sänger Lugalgabangal begegnet auch in einem anderen sumerischen Text, der voller Anspielungen auf Gilgamesch steckt: *Gudam*, dessen Name «Ein Stier ist er» bedeutet, dringt in die Stadt Uruk ein. Doch während der Himmelsstier den Fluss aussäuft und die Erde niedertrampelt, vernichtet Gudam die Bier- und Brotvorräte der Stadt. Da ruft ihm der Sänger entgegen, dass er sich damit selbst vernichte. Die Fischer Inanas stellen Gudam, er wird verschont und liefert von nun an Vieh für die Herden der Göttin.

Stier und Rind sind also mit Uruk nicht nur in der Person von Gilgamesch, dem «(wilden) Stier» (s. S. 26) vielfältig verbunden. Das größte Huftier Babyloniens symbolisiert Reichtum und Pracht ebenso wie Gefahr. Dies mag zwar für Gilgamesch selbst zutreffen, doch die in der sumerischen Dichtung auffällige Häufung von Stieren bei Uruk spiegelt vermutlich die natürliche Umwelt von Uruk wider. Heute liegt die Stadt mitten in der Wüstensteppe; im dritten Jahrtausend aber befand sich die Meeresküste bedeutend weiter im Landesinneren. Das etwa 60 km südöstlich gelegene Ur verfügte schon über einen Hafen zum Meer, und in den sumerischen Epen finden sich mehrfach Hinweise auf Sümpfe um Uruk. In diesem Marschland mit Schilfgürteln und offenen Wasserflächen arbeiten etwa auch die Fischer, die in der Erzählung von Gudam die Stadt retten. Das ‹Meerland›, wie es im Altertum hieß, bot das ganze Jahr über frisches Schilf als Futter, deshalb galt der äußerste Süden immer als Gebiet der Rinderzucht. Als Rückzugsgebiet für alle Verfolgten bilden die Marschen aber auch eine ständige Bedrohung für die Stadt.

Gilgamesch, Enkidu und die Unterwelt, der traditionelle Titel, bezieht sich nur auf den letzten Teil des Epos, während ein Titel wie *Gilgamesch und die Holzkugel* den gesamten Text charakterisieren würde, der um Herkunft, Gebrauch und Verschwinden von zwei hölzernen Spielgeräten, Kugel und Stock, entwickelt wird. Er beginnt in der Urzeit, nach der Erschaffung der Welt (Z. 1–3):

> In jenen Tagen, in jenen entfernten Tagen,
> in jenen Nächten, in jenen entschwundenen Nächten,
> in jenen Jahren, in jenen entfernten Jahren, ...

Diese dreizeilige Einleitung stellt ein weitverbreitetes Motiv der sumerischen Dichtung dar. Mit den Worten «in jenen Tagen» beginnen drei weitere Kompositionen und im *Tod des Gilgamesch* leitet Enki so seine Weissagung ein. Die Wendung erscheint schon in der ältesten sumerischen Literatur aus der Fara-Zeit (26. Jahrhundert). Damit gehört sie zu den ganz wenigen Formeln, die sich über diesen langen Zeitraum in der Dichtung erhalten haben.

«In jenen Tagen», als Himmel und Erde geteilt werden, gerät Enki auf seiner Bootsfahrt in ein Unwetter, das einen Baumschößling am Ufer losreißt. Inana findet am Fluss den kostbaren *ḫaluppu*-Baum. Um aus seinem Holz einst Stuhl und Bett zu gewinnen, pflanzt Inana das Bäumchen ein. Doch bald bemächtigen sich Dämonen des Baums. Weinend wendet sich Inana an ihren Bruder Utu um Hilfe, berichtet ihm alles. Utu lehnt ab und Inana begibt sich zu Gilgamesch, ein weiteres Mal wiederholt sie die Geschichte des Baums vom Beginn der Welt an. Gilgamesch ergreift seine riesige Axt, vertreibt die Dämonen und fällt den Baum. Aus dem Holz verfertigt er außer dem Mobiliar für Inana auch die genannten Spielgeräte, eine Kugel und einen Stecken oder Schläger, sumerisch *ellaŋ* und *ekema*, akkadisch *pukku* und *mekkû*. Damit spielt er ohne Unterlass und er zwingt die jungen Männer zur Teilnahme. Offensichtlich treibt Gilgamesch, auf den Hüften der Männer reitend, die Kugel mit dem Schläger durch die Straßen von Uruk. Das Motiv, dass Gilgamesch durch seine Holzkugel (*pukku*) die Gefährten wach hält, steht auch am Beginn des akkadischen Epos. Hier wird der tyrannische Herrscher geschildert, der seine Macht missbraucht und die in Mesopotamien üblichen Arbeitsdienste pervertiert. Auf die Klage der Frauen von Uruk hin fallen Kugel und Stecken in die Unterwelt. Der folgende letzte Teil des Epos wurde weitgehend wörtlich ins Akkadische übersetzt und als Tafel XII in die *Serie von Gilgamesch* integriert (s. S. 18). Enkidu bietet sich an, die Spielgeräte zu holen, wird aber in der Unterwelt festgehalten. Noch einmal darf er Gilgamesch vom Totenreich berichten und auf dessen Fragen detailliert die Schicksale der Toten beschreiben (s. S. 117). Bei ihrem Wiedersehen begrüßt Gilgamesch den Geist des toten Enkidu als «Freund» (Z. 247), der noch wenige Zeilen zuvor, beim Öffnen der Luke in die Unterwelt, als «Diener» oder «Knappe» bezeichnet worden war (Z. 241, 243). Auch im *Tod des Gilgamesch* wird dem sterbenden König die Begegnung in der Unterwelt mit seinem «teuren Freund» Enkidu in Aussicht gestellt (Z. 110 f., 200 f.). Ist es also erst der Tod, der die Rangunterschiede aufhebt? Oder sollte das eher ein Zeichen für spätere, altbabylonische Redaktionen der sumerischen Texte sein, als Enkidu schon als «Freund» galt, nicht mehr nur als Diener?

Gilgamesch und Agga behandelt den Gilgamesch der historischen Tradition als Kriegsherrn – ein Thema, das nicht in das akkadische Epos eingegangen ist. Agga (oder Akka), der König von Kisch, schickt Boten, die die Unterwerfung von Uruk fordern. Gilgamesch und die jungen Männer Uruks willigen nicht ein, Agga zieht vor die Stadt. Ein Kämpfer aus Uruk wird zu Agga geschickt, dort nimmt man ihn fest und misshandelt ihn. Er schildert aber dem König von Kisch die übernatürliche Macht seines Herrn Gilgamesch, und als der tatsächlich auftritt, wird das Heer Aggas wie vorhergesagt vernichtend geschlagen. Gilgamesch zeigt seine Großmut, indem er Agga nach Kisch entlässt, weil der ihm einst Zuflucht gewährt habe.

Das Epos führt den Gedanken der *Sumerischen Königsliste* aus, dass das Königtum einst von Kisch auf Uruk übergegangen sei (s. S. 45). Obwohl auf dieses Thema schon bei Schulgi (2092–2045; s. S. 57) verwiesen wird, deutet die Grammatik des Sumerischen auf eine spätere Entstehung des Textes, womöglich erst im späten 19. Jahrhundert am Hof von Larsa, dem damals Uruk unterstand. Im Text hätten sich dann nicht, wie man früher vermutete, uralte Konzepte mesopotamischen Königtums ‹erhalten›, indem der Herrscher vor einem Feldzug zwei ‹Kammern›, die Ältesten und die jungen Männer, befragte, sondern es wurde ausgehend von der literarischen historischen Tradition kreativ eine Erzählung geschaffen, die in einer fernen Vergangenheit spielt.

Der *Tod des Gilgamesch,* erst im Jahr 2000 aufgrund neuer Textfunde rekonstruiert, aber nach wie vor lückenhaft und schwer verständlich, zeigt den Helden am Ende seines Lebens. Er liegt auf dem Totenbett, kann sich nicht mehr erheben. Da sieht er im Traum die Götterversammlung, die über sein Schicksal bestimmt. Trotz seiner Taten, trotz seiner göttlichen Abstammung kann ihm Enki das Schicksal des Menschen nicht ersparen, das seit der Sintflut festgesetzt wurde. Aber Gilgamesch wird als König in die Unterwelt einziehen und man wird in Zukunft seiner gedenken. Ein zweites Mal wird der lange Traum erzählt, und diesmal aufgelöst, Enki selbst hat den Traum über die «Ehre des Königs» (Z. 238) gedeutet. Nun veranstaltet der Herr in der Stadt ein Aufgebot und lässt zur Anlage des Grabes den Euphrat umleiten: In der Mitte des Flusses kann es nie gefunden werden. Familie und Hofstaat treten auf, wohl um Abschied zu nehmen (dass hier von Gefolgschaftsbestattung die Rede sei, ist wegen des Trennstrichs nach den Personen auszuschließen: sie zählen nicht zu den Gaben). Die reichen Geschenke an die Götter der Unterwelt werden ausgebreitet. Die Statuen in den Tempeln und die Nachkommenschaft sollen die Menschen aber in alle Zukunft an ihre Vorfahren erinnern.

Auch wenn der *Tod des Gilgamesch* nicht direkt in das Epos eingegangen ist, so finden sich doch manche Themen beim Tod Enkidus (Tafel VII–VIII) wieder: die Ankündigung des Todes im Traum, die Präsentation der Beigaben für die Götter der Unterwelt, die Erinnerung an die Toten in ihren Statuen, vielleicht auch im Epos die Bestattung Enkidus im Euphrat. Außerdem stellt dieser sumerische Text Gilgamesch vor als den, «der das Böse verringerte» (Z. 6), den Weisen, den Eroberer, der aus dem Bergland kam; die Götter preisen seine Fahrt zum Zedernwald, die Begegnung mit dem Sintfluthelden und seine Erneuerung der Kulte in Sumer (S. 49 f.). Das verweist auf Erzählungen über Gilgamesch, die neben den bekannten sumerischen Epen existierten.

Von manchen sumerischen Gilgamesch-Epen ist eine stattliche Anzahl von Manuskripten erhalten (s. S. 85–88), die alle im Großen und Ganzen denselben Text überliefern. Kleinere Abweichungen zwischen den Manuskripten zeigen sich bei Aufzählungen, etwa beim Bericht von den Schicksalen in der Unterwelt, es kann auch mal die eine oder andere Zeile fehlen. Diese recht stabile Tradition sumerischer Literatur vor allem in Tafeln aus Nippur und Isin zeichnet einen guten Teil der erzählenden und hymnischen sumerischen Literatur aus. Abweichende Versionen fallen deshalb umso stärker auf: die unterschiedlichen Fassungen vom *Tod des Gilgamesch* oder die Anfügung eines neuen Endes an *Gilgamesch, Enkidu und die Unterwelt* über den richtigen Totenkult. Das sind Hinweise, dass zur Zeit der Niederschriften die Arbeit am Gilgamesch-Material nach wie vor im Gange war.

Wie gesagt stammen die erhaltenen Manuskripte sumerischer Dichtung meist aus dem 18. Jahrhundert. Die sumerische Dichtung umfasst neben Epen, Mythen und Hymnen, in denen sagenhafte Helden und Götter auftreten, eine große Zahl von Königshymnen, die aufgrund der genannten Herrscher datiert werden können. Die Königshymnen umreißen den Zeitraum von Urnamma von Ur (2110–2093) bis zu den letzten Königen von Isin (bis 1794) und Larsa (bis 1763). Wann entstanden die Gilgamesch-Dichtungen? Am Hof der Könige von Ur III, die ganz Mesopotamien beherrschten, oder in einem der kleineren Nachfolgestaaten? Einen ersten Anhaltspunkt gibt die relative Ab-folge von *Gilgamesch und Huwawa B* und *A*, wobei Fassung *B* in der Ur III-Zeit entstanden sein dürfte. *Gilgamesch und Agga* wurde aufgrund grammatikalischer Eigenheiten in die Blütezeit von Larsa datiert (Ende 19. Jahrhundert). Aufgrund desselben Kriteriums würde man auch für *Gilgamesch und Huwawa A*, auf jeden Fall für *Tod des Gilgamesch* und wahrscheinlich für den Schlussteil von *Gilgamesch, Enkidu und die Unterwelt* eine Datierung eher im 19. Jahrhundert als zuvor suchen. Für eine frühere Komposition dieser Werke fehlen jedenfalls überzeugende inhaltliche Argumente. Bedeutet das aber, dass das Thema des persönlich erfahrenen Todes bei Gilgamesch erst in altbabylonischer Zeit aufkam? Dann hätte Gilgamesch unter den Königen der Dritten Dynastie von Ur als König, Eroberer und Held, der gegen Huwawa zog, gegolten. Die Todeserfahrung als Auslöser der Reise und die Begegnungen mit dem Totenreich (in Enkidus Erzählung oder im eigenen Sterben) wären dann erst in altbabylonischer Zeit eingeführt worden, zeitlich gar nicht mehr weit entfernt vom akkadischen, dem altbabylonischen Gilgamesch-Epos. Man könnte weiters darauf hinweisen, dass auch in der sumerischen Weisheitsliteratur in altbabylonischer Zeit das Thema des Todes und der Vergeblichkeit irdischen Mühens eingeführt wurde. Die sumerische Literatur unter der Dritten Dynastie von Ur ist allerdings immer noch kaum bekannt.

Das altbabylonische Gilgamesch-Epos: der Mensch

Aus den Stoffen, die über den Helden und König Gilgamesch im Umlauf waren, wurde als einheitliche Erzählung das altbabylonische Gilgamesch-Epos geschaffen, die Urform des jungbabylonischen Epos. Die Bezeichnung «altbabylonisch» meint neben der Entstehungszeit vor allem die Sprache des Textes. Altbabylonisch ist die in der ersten Hälfte des zweiten Jahrtausends in

Babylonien gesprochene Form des Akkadischen. Das altbabylonische Gilgamesch-Epos dürfte wohl zur literarischen Blütezeit in der zweiten Hälfte des 19. Jahrhunderts entstanden sein. Von diesem Meisterwerk sind nur Reste erhalten; die Abschriften können gelegentlich stärker voneinander abweichen. Der altbabylonische Text diente noch in der Späten Bronzezeit (16.–13. Jahrhundert) als Vorbild, als mit der Keilschrift auch babylonische Literatur im gesamten Vorderen Orient verbreitet wurde und dann Nachdichtungen in hethitischer und in hurritischer Sprache entstanden.

Das altbabylonische Epos begann mit dem Preis des Königs und Helden. Enkidus Ankunft in Uruk wird ähnlich wie im jungbabylonischen Text erzählt. Von der Fahrt in den Zedernwald und den Träumen liegen unterschiedliche Fassungen vor, doch gerade solche Aufzählungen und Beschreibungen sind besonders anfällig für Variationen. Auch die Abweisung Ischtars und der Himmelsstier müssen ebenso wie Traum und Bestattung Enkidus und der Aufbruch Gilgameschs schon Thema des altbabylonischen Textes gewesen sein. Wie im *Tod des Gilgamesch* angedeutet, führt die Reise zum Sintfluthelden; erhalten ist davon der Aufenthalt am Ufer des Meeres mit der Schenkin und dem Schiffer.

Aus den vorliegenden Erzählungen wurde also nur weniges ausgewählt. Die sumerischen Epen *Gilgamesch und Huwawa A* und *Gilgamesch und der Himmelsstier* gingen in das altbabylonische Epos ein; einzelne Motive stammen aus *Gilgamesch, Enkidu und die Unterwelt* mit der Unterdrückung Uruks und aus *Tod des Gilgamesch* mit der Durchführung der Bestattung; *Gilgamesch und Agga* fehlt dort ganz. Zudem wurden die übernommenen Themen neu gedeutet, wie oben am Wandel im Huwawa-Bild (S. 62) oder den Gründen für die Abweisung Inanas/Ischtars (S. 63) erläutert. Die neue Deutung der Gilgamesch-Erzählungen beruhte auf einem gewandelten Interesse am Stoff. Denn obwohl Gilgamesch markant schon in der ersten Zeile «Herausragend über die Könige» als Herrscher vorgestellt wurde, galt das Interesse nun eher dem Menschen als dem König. Zwei Aspekte, der Tod als Grenze des Lebens und die Freundschaft, bestimmen das altbabylonische Epos und grenzen es sehr deutlich von den sumerischen Dichtungen ab.

In der Literatur- und Geistesgeschichte Mesopotamiens zeichnet sich die altbabylonische Zeit dadurch aus, dass das Thema des Todes besondere Aufmerksamkeit erfuhr, und da bot sich als Stoff die Erzähltradition um Gilgamesch an. Dieses Interesse der altbabylonischen Dichtung am Sinn von Leben und Tod äußert sich auch in *Atrahasis*, der Sintfluterzählung (s. S. 76). Sumerische Mythen behandelten zwar durchaus die Erschaffung des Menschen, nicht aber das Wesen des Todes. Die Weisheitsliteratur lässt denselben Wandel der Perspektive beobachten. Denn aus dem dritten Jahrtausend liegen immerhin Sprichwörter und der *Rat des Schuruppag* vor, eine Sammlung von Unterweisungen eines Vaters an seinen Sohn, sich ehrlich und anständig zu verhalten, Streit zu vermeiden und geschickt zu wirtschaften. In altbabylonischer Zeit rang man nun mit dem Problem, dass dieses Bemühen um irdischen Gewinn angesichts der Unausweichlichkeit des Todes zum Scheitern verurteilt sei. Eindrücklich zeigt dies der Weisheitsdialog zwischen dem Vater Schupe-ameli und seinem Sohn, in dem der Sohn die Belehrungen seines Vaters letztlich damit kontert, dass das Leben kurz und Reichtum angesichts des Todes ohne Wert sei. Die Neufassung des Gilgamesch-Epos lässt sich in diesen geistesgeschichtlichen Kontext hervorragend einordnen. Hinweise darauf fanden sich schon in der sumerischen Dichtung: in *Gilgamesch und Huwawa A* wollte der Held sich einen Namen schaffen; in *Gilgamesch, Enkidu und die Unterwelt* erscheint zwar der Schock des Todes Enkidus, doch wurde er nun in die Erzählung integriert und bildete hier den Wendepunkt. Der alle Menschen betreffende Tod bestimmte die altbabylonische Erzählung, in der geradezu anthropozentrischen Perspektive ist auch die Religion in den Hintergrund verdrängt.

Eine solche Sichtweise prägte darüber hinaus die Fabel von der Menschwerdung Enkidus, der sich vom behaarten Wilden zum zivilisierten Städter entwickelt (s. dazu S. 27 f.). Für diese Episode sind weder inhaltliche noch thematische Vorbilder bekannt, daher dürfte auch sie dem altbabylonischen Dichter zu-

zuschreiben sein. Wir verdanken ihm gleichfalls die eindringliche Lebenssuche von Gilgamesch.

Dieser Blick auf den Menschen bestimmt das zweite große neue Thema des altbabylonischen Gilgamesch-Epos, die Freundschaft zu Enkidu. Auch sie wurde in der sumerischen Dichtung schon angedeutet, wo Enkidu noch als «Diener» galt. Enkidus Ankunft, die Freundschaft, die auf dem Zug gegen Huwawa gefestigt wird, der Tod des Freundes als Auslöser für die Suche nach dem ewigen Leben – diese große Linie hat der altbabylonische Dichter entworfen. Während sich aber die Beschäftigung mit dem Tod in der altbabylonischen Literatur gut verorten lässt, mag das für die Freundschaft nicht in gleicher Weise gelingen. Doch gerade dieser Aspekt verleiht dem Gilgamesch-Epos seine Einzigartigkeit in der akkadischen Literatur (ein Textfragment mit der Phrase «mein Freund» würde man zuerst dem Gilgamesch-Epos zuweisen). Um das gewandelte Bewusstsein zu verstehen, ist zunächst zu beachten, dass im glanzvollen Königtum von Ur III (2110–2003) der heldenhafte Herrscher noch allein alle Aufmerksamkeit auf sich gezogen hatte, während in der altbabylonischen Zeit danach jeder auf politische Koalitionen angewiesen war, kein König allein Erfolg haben konnte. Dieser historische Kontext ist deshalb relevant, weil die Gilgamesch-Dichtungen wohl am Königshof entstanden sind (s. S. 89 f.). Weiters ließe sich anführen, dass die sozialen und ökonomischen Institutionen der Städte trotz sich oft rasch wandelnder politischer Konstellationen Bestand hatten und ein Thema wie Freundschaft und gegenseitiges Vertrauen also durchaus dem ‹Zeitgeist› entsprochen haben mag. Das Zeugnis der alltäglichen Kommunikation in Briefen kann diese Aussage stützen, ließ man doch hier dem Mitmenschen auch dann Respekt angedeihen, wenn er nicht als ein «Bruder» oder «Vater» betrachtet wurde oder einen höheren Rang in der Hierarchie einnahm. So lassen sich doch einige Spuren verfolgen, warum das Epos von der Freundschaft gerade in der altbabylonischen Zeit geschaffen wurde.

Das jungbabylonische Gilgamesch-Epos: der Weise

Das dem Sin-leqi-unninni zugeschriebene jungbabylonische Epos (etwa 11. Jahrhundert) unterscheidet sich vom altbabylonischen auf den ersten Blick weniger inhaltlich als aufgrund der Überlieferung, denn von nun an wird an allen Orten ein festgelegter Text ohne größere Abweichungen abgeschrieben. Obwohl ältere Texte nur in Fragmenten bekannt sind, lassen sich von der alt- zur mittelbabylonischen Zeit einige durchaus deutliche Änderungen feststellen. Anstelle aber auf einzelne Zwischenschritte hinzuweisen, werden hier alle Neuerungen gegenüber den Vorläufern unter der großen Redaktion des Sin-leqi-unninni behandelt, ohne dass sich das strikt beweisen ließe. Das eine oder andere wurde sicher schon zuvor geändert; Sin-leqi-unninni hat es aber als geeignet ausgewählt.

Die altbabylonische Erzählung blieb im Wesentlichen dieselbe. Neu hinzu kommen neben dem einleitenden Prolog (I 1–28) womöglich die Adoption Enkidus und das Gebet Ninsuns (III 13–135+), wahrscheinlich der Halt beim Skorpionpaar und dann die Reise durch den Tunnel (Großteil von Tafel IX), sicher die Sintfluterzählung und die Rückkehr nach Uruk (Tafel XI). Daneben wurde aber auch der gesamte Text überarbeitet, Verse wurden gestrichen oder hinzugefügt, manches wurde umgestellt oder neu formuliert. Aus der Fülle der Detailbeobachtungen seien hier die Vereinheitlichung des Textes, seine Erweiterung und die Umdeutung zu einer Erzählung von alter, geheimer Weisheit herausgegriffen. Darin äußern sich Phänomene, die die gesamte akkadische Literatur und Geistesgeschichte betreffen, nicht allein das Gilgamesch-Epos.

a) Vereinheitlichung

Das jungbabylonische Epos zeichnet sich durch mehrfach auftretende feste Versatzstücke und lange Wiederholungen aus. Auf den ersten Blick mag das vielleicht wenig originell und monoton wirken. Diese literarische Technik bewirkt aber nicht nur, dass sich manche Passagen tief einprägen, sondern durch die

Wiederholung kann eine reizvolle Mehrdeutigkeit erzielt werden (s. S. 106 f.).

Allerdings glätten solche Wiederholungen feine Unterschiede aus, die in der altbabylonischen Fassung bestanden, wie das Beispiel der Träume des Gilgamesch über den ankommenden Enkidu zeigt. Im altbabylonischen Text verlässt der Erzähler Enkidu und Schamchat und berichtet über die Ereignisse in Uruk.

> Gilgamesch erhob sich, er eröffnete den Traum, sprach zu seiner Mutter:
> «Mutter, da in der Nacht,
> während ich kraftstrotzend umherging inmitten der Männer,
> da *ver*[*steckten*] sich die Sterne des Himmels,
> aber ein *Ge*[*bilde*] des Himmels(gottes) fiel auf mich.
> Ich hob es, doch dann war es mir zu schwer,
> ich bewegte es, doch dann konnte ich es nicht bewegen.
> Das Land Uruk war seinetwegen versammelt,
> wobei die Männer seine Füße küssten.
> Ich stemmte meine Stirn dagegen, sie stützten mich,
> da hob ich es und brachte es her zu dir.» (OB II 1–14)

Ein zweiter ähnlicher Traum von einer Axt, die Gilgamesch wie eine Frau lieben werde, schließt sich an. Nach Ninsuns Deutung weisen beide Träume auf das Kommen Enkidus hin, doch mit leichten Nuancen: Das Himmelsgebilde wird von den Männern von Uruk verehrt, die Axt von Gilgamesch geliebt. Im jungbabylonischen Epos dagegen wird bei beiden Träumen die Versammlung der Männer *und* die Liebe des Gilgamesch angeführt. Die stereotype Wiederholung erweist sich hier als Merkmal der späten Redaktion des alten Textes, ist aber nicht einer oralen Tradition zu verdanken, in der Wiederholungen dazu gedient hätten, sich den Text einzuprägen.

Diese Vereinheitlichung altbabylonischer Texte in den jungbabylonischen Fassungen ist nun keineswegs auf das Gilgamesch-Epos beschränkt. Man kann sogar über die erzählende Dichtung hinausgehen und wird in allen Textgattungen, die diesen Traditionsweg aufweisen, Vergleichbares finden: Beschwörungen wiederholen dieselben Formeln in unterschiedlichen Kontexten. Die sumerischen Klagen, die vor den Göttern gesungenen Kultlieder, verändern durchaus differenzierte Beschreibungen wie die vom verlassenen Tempel oder Litaneien von Gottheiten dahingehend, dass immer wieder dieselben Details oder dieselben Gottheiten aufgezählt und so die einst vorhandenen Unterschiede aufgehoben werden. Sogar in den lexikalischen Listen, den wissenschaftlichen und didaktischen Werken mesopotamischer Schriftkultur, begegnet einem diese Technik wieder, wenn bestimmte Eigenschaften stereotyp mit Gegenständen verbunden werden; in der Liste von Tongefäßen etwa werden dann seltene Bezeichnungen von Krügen und Flaschen immer in gleicher Weise nach der Art des Inhalts («Wasser, Milch, Bier ...») und nach der Qualität («groß, klein, neu, ...») näher ‹bestimmt›.

Nach der unglaublichen Produktivität und Kreativität der altbabylonischen Epoche in jeder Sparte von Literatur und Wissenschaft erfolgte so eine umfassende und minutiöse Revision des gesamten riesigen Schrifttums, das nun als schriftliches Traditionsgut gleichsam konserviert wurde.

b) Erweiterung

Das jungbabylonische Epos wurde gegenüber dem Vorläufer beträchtlich erweitert. Die Begegnung mit dem Skorpionpärchen und der Gang durch den Tunnel mögen ein Einschub des neuen Textes sein; hier fehlen nämlich alle älteren Hinweise und die hethitische Übersetzung kennt diese Episode ebenfalls nicht. Bildliche Darstellungen zeigen zwar, dass der Skorpionmensch mit dem Sonnengott seit dem dritten Jahrtausend verbunden war; in der Literatur spielte er aber keine Rolle. Er begegnet allein mit anderen Mischwesen als Dämon im Gefolge der Tiamat, der Verkörperung des Ur-Meeres, die sich im neuen Weltschöpfungsmythos *Enūma eliš* wohl des 11. Jahrhunderts dem neuen Weltenherrscher Marduk entgegenstellt.

Ohne Zweifel wurde die Sintfluterzählung erst in die späte Fassung eingefügt. Der Sintflutheld galt zwar schon im altbabylonischen Epos als das Ziel der Reise, aber sein ausführlicher Bericht fehlte dort noch. Das ältere Epos könnte dann sinnvoll mit der Rede Utnapischtis über die Stellung des Königs am Ende von Tafel X geendet haben. Die Sintflut war ein Thema schon der sumerischen Dichtung, dann der altbabylonischen *Atrahasis*-Erzählung, die der Entstehung der Menschheit gewidmet ist. Die Menschen werden erschaffen, um die Arbeit der Götter zu übernehmen (vgl. S. 33). Doch die Menschen vermehren sich und durch ihren Lärm stören sie die Ruhe Enlils, des Königs der Götter. Eine darob gesandte Dürre führt nicht zum Erfolg, denn der Gott Ea verrät seinem treuen Schützling Atrahasis den Weg, durch das Umleiten aller Opfer an den Wettergott diesen zu bewegen, wieder Unwetter und Regen zu bringen. Auch eine Hungersnot schlägt fehl. Als letzte Maßnahme wird eine alles vernichtende Flut beschlossen, Ea muss schwören, den göttlichen Plan nicht zu verraten. Doch Ea teilt Atrahasis durch eine Schilfwand alles mit und dieser baut die Arche, rettet sich und die Seinen. Die Götter müssen während der Flut das Ausbleiben der Opfer mit Hunger büßen, so dass sie dem überlebenden Atrahasis gegenüber wohlgesonnen sind. Doch von nun an, so beschließen es die Götter, sollen bestimmte Frauenklassen kinderlos bleiben, zudem wird den Menschen der natürliche Tod als Geschick bestimmt. Die Sintfluterzählung aus *Atrahasis* wurde in das Gilgamesch-Epos teilweise wortwörtlich übernommen; Utnapischti heißt dort sogar einmal Atrahasis (XI 197). In der Übernahme fehlen aber völlig die Begründung für die Flut und die allgemeinen Bestimmungen danach.

Mit der Flut verbindet sich das Thema alter Weisheit, die aus einer längst vergangenen Zeit stammt, als die Menschen noch den Göttern näher standen; zudem diente der Sintflutheld dem Weisheitsgott Ea, er vermochte die Worte seines Gottes zu vernehmen und so die Menschheit zu retten. Dies äußert sich in seinem Namen Atrahasis, akkadisch *(w)atra(m)-ḫasīs* «Überaus Weiser». Sumerisch hieß er *Zi-u-sudra* «Leben von langen Tagen», Zeichen seiner Unsterblichkeit, bei Gilgamesch dagegen akkadisch *Ut-napischti*, Abwandlung eines älteren *ūta-napištam* «ich fand das Leben», eine Form, die jüngst in einem hethitischen Fragment entdeckt wurde. Er galt als Sohn des Ubar-Tutu. Nach einer Fassung von *Atrahasis* erhielt Zi('u)sudra diesen neuen Namen nach der Sintflut. In der hethitischen Übersetzung nannte man ihn *Ullu*, was auf das akkadische *ullû* «jener» zurückgeht und selbst auf seinen Beinamen «der Ferne» anspielt. In altbabylonischer Zeit wurde ihm ein alter Weisheitstext, der aus der Mitte des dritten Jahrtausends stammte, in den Mund gelegt, nämlich der *Rat des Schuruppag* (vgl. oben S. 71). Schuruppag, Sohn des Ubar-Tutu, eigentlich einfach als «Mann aus Schuruppag» zu verstehen, unterweist seinen Sohn, der nun Zi'usudra genannt wird. Die *Sumerische Königsliste* nennt dieselbe Genealogie (Ubar-Tutu – Schuruppag – Zi'usudra) für die letzte Dynastie vor der Flut in der Stadt Schuruppag (vgl. S. 45). Ein interessanter Verweis auf die Fluterzählung fand sich schon früher im sumerischen *Tod des Gilgamesch* (S. 49 f., 68), als Enki im Traum des Gilgamesch von seinem Eid berichtet, niemanden mehr vom Tode auszunehmen. Die alte Technik der Querbezüge innerhalb der Literatur wird also in der jungbabylonischen Erweiterung um die Sintflutgeschichte nur konsequent fortgeführt.

c) Umdeutung

Durch die Hereinnahme der Sintfluterzählung verschiebt sich das Gewicht zugunsten des Themas alter Weisheit. Denn die Gesandten Eas aus vorsintflutlicher Zeit, die sogenannten *Apkallu*s («Weise»), galten ab dem späten zweiten Jahrtausend, etwa der Zeit Sin-leqi-unninnis, als Kulturbringer. Das Wissen um die Geheimnisse der Welt war verborgen, nur der Gelehrte konnte es schauen. Dieser Gedanke wurde nun dem Gilgamesch-Epos beigegeben, indem man dem Preislied auf den mächtigen und starken Helden und König von Uruk, dem Beginn des altbabylonischen Epos, einen neuen Prolog voranstellte (I 1–2. 7–28):

Der die Tiefe sah, das Fundament des Landes,
der [die Wege] kennt, alles erfahren hat,

(…)
Er sah das Verborgene, er öffnete das Verdeckte,
er brachte Nachricht von vor der Sintflut,
einen weiten Weg kam er, er war erschöpft und besänftigt
(Variante: in Not).
Alle seine Mühen sind auf der Stele niedergelegt.
Er ließ die Mauer der Hürde Uruk erbauen,
des geheiligten Eana, des reinen Vorratshauses.
Sieh seine Mauer, wie ein Faden ist die Umfassung!
Betrachte die Verkleidung, die niemand kopieren kann!
Nimm die Steintreppe, die von jeher da ist!
Nähere dich dem Eana, dem Wohnsitz Ischtars,
das kein späterer König, niemand je kopieren kann!
Steig hinauf auf die Mauer von Uruk, geh herum!
Prüfe das Fundament, sieh den Ziegel an,
ob da der Ziegel nicht Backstein ist
und seine Fundierung nicht die sieben Weisen gelegt haben!
1 *šāru* ist die Stadt, 1 *šāru* die Gärten, 1 *šāru* die Niederung,
ein halbes *šāru* der Ischtar-Tempel:
dreieinhalb *šāru* ist Uruk, das sind die Maße!
[Öffne] den Tafelbehälter aus Zedernholz,
[löse] seinen Verschluss aus Bronze,
[öffne] das Tor seines Geheimnisses,
[heb] die Lapislazuli-Tafel hoch und lies
alles, was er, Gilgamesch, an Mühen durchzog!

Nur hier in der Vorrede spricht der ‹Erzähler› seinen Leser oder Hörer an. Dieser Prolog wird damit zur Anleitung, wie der gesamte Text zu lesen sei: als Erzählung von den Mühen des Gilgamesch, der das Verborgene sah. Mit einem Kunstgriff werden Anfang und Schluss des Epos eng miteinander verwoben: Den Text von I 18–23, hier Aufforderung an den Leser, spricht in den letzten Zeilen Gilgamesch zu Urschanabi, als sie wieder Uruk erreichen (S. 18). Dieser offene Schluss, der keine Aussagen zu Gilgameschs Erfahrungen macht, keine Lehren aus den Taten zieht, veranlasst den Leser, den Text selbst zu verarbeiten und einzuordnen. Den wichtigsten Hinweis liefert dazu der Prolog, der eine Quintessenz des Textes bietet.

Die Taten Gilgameschs werden hier als «Steleninschrift»

(I 10) bezeichnet, die Steintafel (I 27) liegt in einer Schatulle. Stelen mit den Inschriften und Darstellungen ihrer Taten stifteten die mesopotamischen Könige den Tempeln. Daraus entwickelte sich auch eine Textgattung fiktiver Biografien, die ebenfalls als «Steleninschriften» (akkadisch *narû*) bezeichnet wurden und die einen Rat an den zukünftigen Herrscher enthalten konnten. Im Gegensatz zu historischen Berichten eines Herrschers diente in der fiktiven historischen Literatur der sagenhafte Herrscher als Beispiel für die unterhaltende oder lehrreiche Fabel. Die Aufforderung, den Tafelbehälter zu öffnen (I 24–27), stellt ein kaum verfremdetes Zitat aus einer solchen fiktiven literarischen ‹Steleninschrift› dar, einer Erzählung um den altakkadischen König Naram-Sin von Akkad (vgl. S. 48). Das Gilgamesch-Epos wird damit auch als eine lehrreiche Dichtung über die großen Könige der Vergangenheit vorgestellt. Zudem verweist der Prolog auf das Epos als geschriebenen, laut vorzulesenden Text. Denn nun, im späten zweiten Jahrtausend, waren Dichtung und Weisheit zur Domäne der Schriftgelehrten geworden.

Die großen Themen des altbabylonischen Textes vom Menschen Gilgamesch und die zugrunde liegende Fabel vom König und Helden gingen in diesem neuen Text auf. Dennoch merkt man an den wenigen Stellen, an denen ein solcher Vergleich möglich ist, dass der späte Redaktor doch manches tilgte, was nicht mehr in die neue Perspektive passte. Dazu gehört die Begründung des Gilgamesch, wieso er gegen Huwawa den Kampf wagen wolle: Alle Menschen müssten sterben, und wenn auch er, Gilgamesch, falle, so hätte er sich doch damit einen Namen gemacht, dass er den Kampf gewagt habe (OB III 144–149 ohne Parallele in SB II; vgl. OB III 160, assyrisches Ms. y_1, *Gilgamesch und Huwawa A* 4–7). Auch entfällt der Rat der Schenkin am Rand des Meeres, die in der späten Fassung den hurritischen Namen Schiduri trägt und die als «Göttin der Weisheit» galt: Gilgamesch solle eine Familie gründen (s. S. 115); dann könnte nämlich sein Sohn seinen Namen bewahren. Ist es ein Zufall, dass diese beiden Auslassungen des älteren Textes ausgerechnet das Weiterleben der Person nach dem Tod betreffen, nämlich durch die Tat oder die Inschrift darüber und durch den Sohn?

Die späte Version zeigt sich hingegen als ein Text, der von Weisheit berichtet und als Fabel eines Königs zu lesen ist, kurz: der belehrt. Das persönliche Geschick, das den altbabylonischen Dichter vom Menschen interessierte, tritt demgegenüber in den Hintergrund.

Jeder Abschnitt in der Tradition hinterließ seine Spuren im Text, und der Wandel der Perspektive vom König und Helden zum Menschen und schließlich zum Weisen sowie die jeweils vorhandenen Verweise auf die umgebende Literatur ließen das Gilgamesch-Epos zu einem vielschichtigen und dichten Text werden, der dem Suchenden immer neue Überraschungen bieten wird.

Die Gilgamesch-Tradition des jungbabylonischen Epos in Stichworten

Die folgende Übersicht verzeichnet die bekannten Vorläufer zu jeder Tafel des jungbabylonischen Gilgamesch-Epos. Die Texte sind nach den Siglen von George (2003) angeführt, die chronologisch geordnet sind. Dabei bedeuten OB: altbabylonisch, MB: mittelbabylonisch, SB: jungbabylonisch. Des Weiteren werden die Manuskripte nach Fundort oder bei Tafeln ohne gesicherte Herkunft nach der Sammlung bezeichnet. Unergiebige Schülertafeln mit Exzerpten und Fragmente sind hier nicht aufgenommen.

Tafel I: Die Protagonisten: Gilgamesch in Uruk und Enkidu in der Steppe

Sumerisch: *Gilgamesch, Enkidu und die Unterwelt* Z. 151–163: Unterdrückung Uruks

[OB I: Titel «Herausragend über die Könige» = SB I 29]

OB II (‹Gilg. P[hiladelphia]›): Träume, Enkidu und Schamchat; ab // SB I 194

MB Nippur$_1$ (Schülertafel): Aruru soll Enkidu erschaffen; // SB I 94–98

MB Ugarit$_1$: Prolog, Beschreibung Gilgameschs; // SB I 1-ca. 60 (andere Anordnung, Auslassungen)

MB Privat$_1$: Träume, Enkidu und Schamchat; etwa // OB II 24–116, SB I 224–236

Tafel II: Die Ankunft von Enkidu

OB II Fortsetzung: Hirten, Zweikampf; bis // SB II 115
OB III (‹Gilg. Y[ale]›): Wunsch nach einer Ruhmestat, Freundschaft, Enkidu in Familie, Reden über Huwawa, Waffen; ab // SB II [vor 165]
OB UM (UM: University Museum Philadelphia, Fragment): // OB III 79–88 // SB II 186–193, Rs.: über Huwawa (ohne direkte Parallele)
OB Schøyen$_1$ (Sammlung Schøyen Norwegen): Enkidu und Schamchat, Ankunft Enkidus; // OB III 24, 151–153
MB Boğ$_1$ (Boğ: Boğazköy): Ankunft Enkidus, Zweikampf, Plan zum Zug in den Zedernwald; // OB II 51–102, 222–235?, III 182–195
Assyrisches Manuskript y: Aufbruch in den Zedernwald; // OB III 141–157, 185–213

Tafel III: Vorbereitungen für den Zug zum Zedernwald

Sumerisch *Gilgamesch und Huwawa A und B*
OB III Fortsetzung: Rat zum Aufbruch; bis // etwa SB III 12
MB Nippur$_2$ (Schülertafel von 3 Zeilen): Glückwünsche für die Reise

Tafel IV: Der Zug zum Zedernwald

Sumerisch *Gilgamesch und Huwawa A und B* Fortsetzung: erste Begegnung mit Huwawa und Traum
OB Schøyen$_2$: (1.) Traum: Berg, Ankunft im Land Ebla, 2. Traum: Gewitter, Begegnung mit Huwawa bemerkt, Enkidus Angst; // SB IV 16–108, weitere Parallelen nicht erhalten
OB Nippur: Traumdeutung: Kampf mit Wildstier, 4. Traum: Anzû und Deutung
OB Harmal$_1$: Traum: Wildstier mit Deutung
MB Boğ$_1$ Fortsetzung: Gebet?
MB Boğ$_2$ Vorderseite: Traum auf Fahrt in den Zedernwald

Tafel V: Humbaba

Sumerisch *Gilgamesch und Huwawa A und B* Ende
OB Harmal$_2$: Rede über Huwawa, Flehen Huwawas
OB Ischchali (‹Bauer-Fragment›): Gilgamesch und Enkidu bei Huwawa; Huwawa getötet
OB IM (IM: Iraq Museum Bagdad): Suche nach der Zeder nach dem Tod des Huwawa
MB Boğ$_1$ Fortsetzung: Treffen mit Huwawa

MB Ugarit$_2$ (drei Fragmente): Furcht Gilgameschs vor Hubabu (= Huwawa); Streitgespräch; Flehen Hubabus

Tafel VI: Ischtar und der Himmelsstier

Sumerisch *Gilgamesch und der Himmelsstier*
MB Boğ$_2$, Rückseite: Ischtar-Episode (verkürzte Darstellung), Kampf gegen den Himmelsstier
MB Emar$_2$: erhaltene Teile // SB VI 15–61, 87–95, 106f., 113–118

Tafel VII: Enkidu am Sterbebett

MB Megiddo: Enkidus Traum von der Unterwelt und Enkidu am Totenbett, kaum direkte Parallelen zu SB VII
MB Ur: Enkidus Flüche und Segnungen über Jäger und Dirne, Beginn des Traums von der Unterwelt; // SB VII 90–171
MB Boğ$_1$ Fortsetzung: Enkidus Traum von der Götterversammlung(?); // SB VII Anfang?

Tafel VIII: Totenklage und Bestattung Enkidus
Thematische Parallelen im sumerischen *Tod des Gilgamesch*

Tafel IX: Die Reise ans Ende der Welt

Tafel X: Die Wasser des Todes

OB VA+BM (VA: Vorderasiatisches Museum Berlin, ‹Meissner-Fragment›, BM: British Museum London; zwei Fragmente einer Tafel): Gilgamesch und Schamasch; bei der Schenkin, Erschlagen der ‹Steinernen›, Vorstellung beim Fährmann Sursunabu; // SB X 55–80, 155–161

Tafel XI: Die Erzählung von der Sintflut und Rückkehr nach Uruk

Nicht in der Gilgamesch-Tradition (siehe S. 75–77).

5. Autoren, Kopisten und Schreiberschulen: Die Tradition von Literatur

Die Anfänge von Schrift und Literatur in Sumer

Im ausgehenden vierten Jahrtausend führten die Herausforderungen einer gerechten Verteilung der Güter in der Stadt Uruk zur Erfindung der Keilschrift (vgl. S. 21). Die ältesten Texte der Menschheit sind deshalb Abrechnungen etwa über Gerste, Tiere, Personen, Felder. Um in Dokumentation und Kommunikation eingesetzt werden zu können, muss die Schrift verbindlich gelehrt werden. Dank des Schreibmaterials Ton sind auch die ‹Schulbücher› der ältesten Schriftstufen erhalten: Listen von Zeichen, die nach bestimmten Themen geordnet sind, etwa Berufe, Tiere, Metalle, Gefäße. In der zunächst stark bildhaften Schrift bedeutet die thematische auch eine grafische Ordnung entsprechend der Ähnlichkeit von Zeichen.

Administrative Urkunden, die mit Abstand häufigste Textsorte, und lexikalische Listen als die vorherrschende Form wissenschaftlicher und didaktischer Texte gibt es bis ans Ende der Keilschriftkultur um die Zeitenwende. Es entspricht dieser Überlieferungslage, dass die frühesten Zeugnisse für Gilgamesch einem Namen in einer Urkunde (Ur, etwa 27. Jahrhundert) und der ältesten Götterliste (Fara, 26. Jahrhundert) entstammen (s. S. 47).

Literatur, darunter Beschwörungen, mythische Erzählungen (vgl. S. 65) oder Weisheitsdichtung (S. 71), tritt erstmals in der Fara-Zeit (26. Jahrhundert) auf. Gilgamesch ist hier nicht vertreten; aber ein Text aus Abu Salabich (26./25. Jahrhundert) behandelt immerhin Lugalbanda und Ninsun und bildet so das älteste Zeugnis für die Sagen um die Uruk-Könige (vgl. S. 50–54). Junge Schreiber kopierten literarische Texte und lexikalische Listen sorgfältig auf großen Tafeln und verewigten sich auf der Rückseite mit den Schreibermeistern, durch deren Hände der

Text gegangen war. In Abu Salabich trugen einige Schreiber der sumerischen Texte akkadische Namen; die Sprache der Literatur war also nicht unbedingt deren Alltagssprache. Mit der Keilschrift wurden nämlich Listen und Literatur weitergegeben. Und Texte der südbabylonischen Tradition fanden sich schon im 24. Jahrhundert weit entfernt in Obermesopotamien (Tell Beydar, heute Nordostsyrien) sowie vor allem im Palast von Ebla in Syrien (südlich von Aleppo).

Sänger am Königshof der Dritten Dynastie von Ur

Unter der Dritten Dynastie von Ur (2110–2003), die über ganz Mesopotamien herrschte, erlebten die alten mächtigen Städte von Sumer ihre letzte Blütezeit, bevor in den Wirren um 2000 einige von ihnen untergingen und nie mehr die alte Bedeutung erlangen sollten. Über das intensive kulturelle Leben am Hof der Könige liegen nur indirekte Zeugnisse vor: spätere Kopien von Königshymnen und Hinweise in den Urkunden, die zu Zehntausenden erhalten sind (vgl. S. 60). Besonders wertvoll ist die Dokumentation königlicher Geschenke von Silberringen oder Tieren, die die Gesandtschaften aus befreundeten Staaten oder die wichtigsten Personen im Reich, die Familie des Herrschers, die Heerführer oder die Scheichs der Nomaden erhielten. Zu den besonders reich Beschenkten gehörten königliche Sänger, und die Vermutung liegt nahe, dass hinter diesen hochgeehrten Höflingen die für uns anonymen Dichter der sumerischen Hymnen stehen, welche am Hof vorgetragen wurden. Auch manche sumerische Dichtung über Gilgamesch, der ja von den Königen von Ur als Vorfahr im Amt und mythischer Bruder verehrt wurde (S. 56f.), mag diesen Sängern zu verdanken sein, zuerst einem gewissen Ur-Ningubalag, der mit Geschenken in einem Umfang überschüttet wurde wie der mächtigste Nomadenscheich. Die Situation einer Aufführung illustriert *Gilgamesch und der Himmelsstier* (S. 64), wenn der Sänger beim Festmahl seines Herrschers besondere Ereignisse und große Taten besingt. Nach dem Zeugnis der Urkunden traten die Sänger vor allem bei den großen Festen auf, an denen die auswärtigen Gesandtschaften und die Spitzen des Landes mit dem König zusammentrafen. Die Hofdichtung war sumerisch, zu dieser Zeit die dominierende Sprache im Süden Babyloniens.

Die Tradition sumerischer Literatur in der altbabylonischen ‹Schule›

Die altbabylonische Zeit (2003–1595) begann mit dem Zusammenbruch des Reiches von Ur. Verbunden damit war eine schwere wirtschaftliche Krise, womöglich durch eine Verschiebung der Wasserströme im Tigris und seinen Seitenarmen hervorgerufen, denn die alten Zentren Sumers wurden aufgegeben. Feinde fielen ein, die Nomaden wüteten, das Land wurde verwüstet. Das traumatische Ereignis hinterließ seine Spuren in der Literatur, zuerst in den erschütternden Klageliedern über die Zerstörung der Städte Sumers. In Isin in Mittelbabylonien hatte sich die Dynastie der neuen Machthaber etabliert, die in vielem das Königtum ihrer Vorgänger kopierten, so auch die Form der sumerischen Königshymne übernahmen.

Dabei hatte sich aber die Sprachsituation dramatisch gewandelt: Durch die Zerstörung weiter Teile Sumers war das Sumerische auf einmal gegenüber dem Akkadischen in Bedrängnis geraten und verschwand nun rasch im Lauf des 20. Jahrhunderts als Alltagssprache. Unter den Isin-Königen wurde es aber weiterhin als Kultursprache gepflegt, und neben den Königshymnen entstanden zahlreiche weitere sumerische Dichtungen, womöglich auch die eine oder andere Gilgamesch-Dichtung. Als entscheidend für die Schrifttradition sollte sich erweisen, dass nun das didaktische Corpus neu geschaffen wurde. An erster Stelle standen die lexikalischen Listen. Neben didaktisch aufgebauten einfachen Syllabaren erarbeitete man vollständige Listen einfacher und zusammengesetzter Zeichen mit Angabe der Aussprache, man ordnete das Vokabular nach der Materie (Hölzer und Holzgegenstände, Tiere, Pflanzen, Metalle, Steine, Gefäße, Leder, usw.), verfasste Listen von Personenbezeichnungen und akrografische, nach dem ersten Zeichen geordnete Wortlisten. Diese Listen waren Ergebnis einer Sichtung der Keilschrift und der damit untrennbar verbundenen sumerischen Sprache, ergaben sich doch die Lesungen der Zeichen aus den sumerischen Wörtern (vgl. S. 22). Syllabar und Vokabular wurden so nach bestimmten Kriterien umfassend gesammelt und geordnet, und diese Ordnung wurde in ihren Grundzügen bei allen Erweiterungen bis an das Ende der Keilschriftkultur beibehalten. In altbabylonischer Zeit dienten diese Listen auch dem Schreibunterricht. Nach den ersten Übungen, bei denen ein Schüler auf einer Tontafel nur einzelne Keile eindrückte, begann man mit Syllabaren und Zeichenlisten, relativ früh im Curriculum schrieb man Namen, später folgten Wortlisten.

Dieses in der Isin-Zeit geschaffene Curriculum wurde in der gesamten altbabylonischen Zeit tradiert. In Nippur befand sich das Zentrum der altbabylonischen ‹Schulen›, privaten Schreibstuben; andernorts wurden Schreiberzentren in Palästen oder Tempeln gefunden. Die Tontafeln aus den Häusern von Nippur datieren in die letzte Schicht vor dem Ende der Stadt um 1722/20, also in die Zeit Hammurapis von Babylon (1792–1750) und seines Nachfolgers Samsu-iluna; solche Übungstexte wurden nämlich nicht lange aufbewahrt. Ein besonderer Typ von Übungstafeln bestand darin, dass der Lehrer links oben ein paar Zeilen des neuen Stoffs schrieb, die der Schüler auf derselben Seite mehrfach zu wiederholen hatte. Auf der Rückseite dieser Tontafeln wurde ein größerer Abschnitt des zuletzt behandelten Schulstoffs wiederholt. Aus Hunderten solcher Schülertafeln ließ sich das Curriculum der ‹Grundstufe› rekonstruieren. Auf das Studium der Zeichen- und Wortlisten folgten erste Texte: zuerst Sprichwörter, dann Königshymnen sowie literarische Texte jeder Art. In dieser Weise wurden die angehenden Schreiber, die Bildungselite des Landes, außer in die Schrift auch in die Bildungssprache Sumerisch eingeführt, während sie im Alltag den altbabylonischen Dialekt des Akkadischen sprachen. Gerade in altbabylonischer Zeit war die Kunst des Schreibens weit verbreitet und weil man in den Städten beinahe in jedem altbabylonischen Wohnhaus Keilschrifttexte gefunden hat, schätzt man, dass fünf bis zehn Prozent der Bevölkerung schreiben konnten.

Die zehn wichtigsten literarischen Kompositionen im Schulcurriculum von Nippur stehen am Anfang einiger Literaturkataloge. Die Kompositionen zitierte man nach der in Mesopotamien üblichen Weise mit ihren Eingangsworten. Im folgenden Beispiel für den Anfang eines solchen Katalogs aus Nippur (heute in Philadelphia) folgen auf *Gilgamesch und Huwawa A*, das letzte der zehn Hauptwerke der Schulliteratur, weitere Gilgamesch-Dichtungen als thematischer Block:

1 «König bin ich, von Geburt an»(Königshymne *Schulgi A*)
2 «König, freundlich empfangen» (Königshymne *Lipit-Eschtar A*)
3 «Der Herr an das Ewige» (*Lied von der Haue*)
4 «Herrin aller Mächte» (Hymne auf Inana, *Inana B*)
5 «Enlil, in die Ferne hin» (Hymne auf Enlil, *Enlil A*)
6 «Beim Fürstentum» (*Hymne auf* das Heiligtum von *Kesch*)
7 «In jenen Tagen» (Kultmythos *Enkis Fahrt nach Nippur*)
8 «Herrin der fürchterlichen Mächte» (Mythos *Inana und* Berg *Ebich*)
9 «Haus, fürchterliche Zeit von Himmel und Erde» (Hymne auf die Herrin des Gefängnisses, *Nungal A*)
10 «Der Herr zum Land des Lebenden» (*Gilgamesch und Huwawa A*)
11 «Des Helden der Schlacht» (*Gilgamesch und der Himmelsstier*)
12 «Boten von Agga» (*Gilgamesch und Agga*)
13 «Gudam die Stadt» (wahrscheinlich *Gudam-Text*)
14 «Wie in Salbe Glänzender» (*Gilgamesch und Huwawa B*)

Die sumerische Literatur entstammt demnach zum Großteil der Institution ‹Schule› (sumerisch Edubba'a, «Haus, das Tafeln verteilte»). Das verwundert nicht, denn immer waren es in Mesopotamien vor allem die jungen Schriftgelehrten, die Texte kopierten. Für die altbabylonische Zeit muss man sich zudem vorstellen, dass die Schreiber die Texte auswendig beherrschten und dann gelegentlich variieren konnten, denn vor allem lexikalische Listen weichen im Detail oft voneinander ab.

Große Tafeln mit mehreren Spalten (‹Kolumnen› genannt) auf jeder Seite oder mehrseitige Prismen umfassen den gesamten Text. Auszugstafeln sind schmale lange Tafeln (etwa 10–15 cm lang, 6–8 cm breit), die auf Vorder- und Rückseite eng beschrieben sind. Bei einer Zeilenhöhe von etwa 0,4 bis 0,8 cm lassen sich auf einer solchen «Langtafel» – so lautet die sumerische Bezeichnung – durchaus 30 bis 60 Zeilen Text unterbringen.

Der Nachteil von Tontafeln, dass sie nämlich leicht zerbrechen oder absplittern, wird in gewisser Weise dadurch kompensiert, dass von einer Komposition aufgrund des Schreiberbetriebs mehrere Manuskripte vorliegen. Für *Gilgamesch und Huwawa A*, den einzigen Gilgamesch-Text unter den zehn wichtigsten Schulkompositionen, konnte D. O. Edzard 1990 für seine Edition 82 Manuskripte heranziehen, davon 59 aus Nippur, 7 aus Ur, 4 aus Isin, 3 aus Kisch, 4 aus Sippar, 1 aus Susa, 4 unbekannter Herkunft, also aus Raubgrabungen und dem Kunsthandel; 10 der Nippurtexte sind Gesamttafeln mit zwei Kolumnen auf jeder Seite. Diese Zeugnisse umreißen auch ganz gut die Verbreitung der sumerischen Literatur in altbabylonischer Zeit; hinzu kämen noch ganz vereinzelte Zeugnisse aus Mari oder aus Obermesopotamien. *Gilgamesch und Huwawa B* dagegen, das nicht unter den zehn ersten Kompositionen steht, ist weitaus schlechter überliefert; Edzard stützte sich 1993 auf nur 5 Manuskripte, davon aber immerhin 3 Gesamttafeln.

Die Übereinstimmung der einzelnen Manuskripte im Text ist oft bemerkenswert hoch. Dennoch ist die Überlieferung lebendig und im Fluss, so dass bei manchen Kompositionen unterschiedliche Versionen nebeneinander existieren (vgl. S. 68). Bei *Gilgamesch und der Himmelsstier* und der *Tod des Gilgamesch* liegt neben einem Text aus Nippur auch eine oft deutlich abweichende Version aus dem nordbabylonischen Me-Turan vor. Kann man hier überhaupt sinnvoll nach einem Urtext fragen? Obwohl es sich um schriftliche Texte handelt, scheint der Unterricht mündlich verlaufen zu sein, und die Meister haben wohl auch an den Texten weitergearbeitet.

Mögen auch die sumerischen Gilgamesch-Texte für andere Anlässe verfasst worden sein, ihre Überlieferung verdanken wir letztlich dem Bildungsanspruch der ‹Schule›, wo sich alle babylonischen Schreiber das Sumerische und die sumerische Literatur erarbeiteten.

Das Wunder der Geburt der altbabylonischen Literatur

In der altbabylonischen Zeit, als die Arbeit an der sumerischen Literatur die Schreiberausbildung beherrschte, entstanden die großartigsten akkadischen Literaturwerke; stellvertretend seien nur das Gilgamesch-Epos und Atrahasis genannt. Dieses plötzliche Hervorbrechen babylonischer Literatur in höchster Qualität gehört zu den faszinierendsten Ereignissen mesopotamischer Kulturgeschichte. Das intellektuelle Umfeld für diese Kreativität lässt sich zumindest ansatzweise erfassen. Die Schreiber lernten in ihrer Ausbildung den gesamten Schatz sumerischer Literatur kennen. Auf diesem Grundstock konnten sie aufbauen und in ihrer Muttersprache, dem altbabylonischen Dialekt des Akkadischen, eine neue Literatur schaffen. Mangels verbindlicher Vorbilder erlaubte das neue Medium des Akkadischen auch eine gewisse Freiheit im Ausdruck. Gerade in einer Kultur, in der alte Formen eine so hohe Wertschätzung genossen, musste das Fehlen fester Muster die Kreativität beflügelt haben. Die Wurzeln der altbabylonischen Dichtung lagen jedenfalls in der Beschäftigung mit der sumerischen Literatur. Es gibt nämlich Übersetzungen vom Sumerischen ins Akkadische, vor allem von Sprichwörtern; die wenigen Tontafeln mit akkadischen Dichtungen stammen aus Schreiberstuben, die sonst in großem Umfang sumerische Literatur enthielten. Die Formen der sumerischen Literatur boten einen Anhaltspunkt für die neuen Schöpfungen; und an der fremden Sprache wurde ohne Zweifel das Verständnis von Sprache geschult, so dass es im Medium Literatur nicht mehr nötig war, erste tastende Schritte zu versuchen.

Wo kann nun das altbabylonische Gilgamesch-Epos entstanden sein? War es ein Königshof, so wird man nicht an Isin, das die sumerische Literatur pflegte, sondern vor allem an Larsa bis zu seinem letzten König Rim-Sin (1822–1763) denken. Babylon blühte unter Hammurapi (1792–1750) und seinen Nachfolgern, doch da ältere Gilgamesch-Manuskripte schon aus der Zeit Hammurapis stammen, dürfte das Gilgamesch-Epos nicht mehr an diesem Hof entstanden sein. Ausgangspunkt für die Rekonstruktion des altbabylonischen Gilgamesch-Epos sind zwei auffallend gestaltete, in perfekter Schönschrift geschriebene Tontafeln, die sich heute in Philadelphia (im University Museum) und in der Sammlung der Yale University befinden (daher Gilgamesch P und Y). Gilgamesch Y schließt direkt an P an; P beginnt mit Gilgameschs Träumen von Enkidu, weist aber einen Kolophon (s. S. 98) auf: «2. Tafel (von) ‹Herausragend über die Könige›». Dieser ‹Titel› des altbabylonischen Epos entspricht nicht genau dem späteren Anfang, sondern erst Zeile 29 der I. Tafel, dem Preis des Königs. Die beiden Tafeln II und III des altbabylonischen Epos (also P und Y) stammen nach Händlerangabe aus Larsa. Wurde das altbabylonische Gilgamesch-Epos hier, etwa am Hof Warad-Sins oder Rim-Sins von Larsa oder in dessen Umkreis, nicht nur abgeschrieben, sondern auch verfasst? Mehr als begründete Vermutungen sind heute noch kaum möglich.

Die Verbreitung der Keilschriftliteratur im Vorderen Orient in der Späten Bronzezeit

Am Ende der altbabylonischen Zeit beschränkte sich die Schriftkultur auf Nordbabylonien, das Umland der Hauptstadt Babylon, die 1595 vom Hethiterkönig Mursili I. eingenommen wurde. Erst nach einer dunklen Periode ohne Quellen tauchte Babylonien langsam wieder auf. Doch in der nun folgenden Späten Bronzezeit (um 1600 bis 1180) verbreitete sich die Keilschrift in einem bisher nicht bekannten Maße. Zentren der Schriftlichkeit waren immer die politischen Hauptstädte; Akkadisch in seinem babylonischen Dialekt wurde zur Sprache der internationalen Diplomatie zwischen den Großmächten Babylon, Hatti, Ägypten, dem hurritischen Reich Mittani in Obermesopotamien (etwa 1600–1325) und dessen Nachfolger Assyrien. Der Eindruck der Verbreitung der Schriftkultur über den Vorderen Orient in der Späten Bronzezeit wird dadurch verstärkt, dass aus Babylonien selbst relativ wenige Textfunde stammen. Für Gilgamesch sind das Schülertafeln aus Nippur und eine Tafel aus Ur (wohl 13./12. Jahrhundert), die der kanonischen Fassung recht nahe steht.

Mit der Keilschrift wurde auch das altbabylonische Corpus an Listen und literarischen Texten verbreitet. Die ursprünglich einsprachigen sumerischen Listen wurden nun in der Regel um eine akkadische Übersetzung erweitert. Die sumerische Literatur, die in altbabylonischer Zeit in den Schulen abgeschrieben wurde, gehörte bis auf wenige, meist zweisprachig tradierte Texte nicht mehr zum Bildungsrepertoire und verschwand völlig. Schreiben zu lernen war an Bildung in mesopotamischer Schriftkultur gekoppelt; denn Fundorte von akkadischen Urkunden oder Briefen liefern immer auch literarische Texte. Anhand der Gilgamesch-Texte der Späten Bronzezeit lässt sich dies gut nachzeichnen (zu den Texten s. oben S. 80–82).

In *Emar* am Mittleren Euphrat im heutigen Syrien entdeckte man bei Rettungsgrabungen vor dem Assad-Stausee 1973/74 akkadische Urkunden in Privathäusern (13. Jahrhundert). Die Einwohner sprachen aber wohl nicht Akkadisch, sondern nach Ausweis ihrer Namen eine nordwestsemitische Sprache. Im Haus des Wahrsagers, dem die Orakelanfragen und die Kontrolle der Rituale von Emar oblagen, fand sich neben Rechtsdokumenten und Urkunden zur Tempelverwaltung auch eine umfangreiche Bibliothek mit lexikalischen Listen, Omentexten, Beschwörungen und einigen mesopotamischen Literaturwerken, darunter zweisprachigen sumerisch-akkadischen Texten und Fragmenten des Gilgamesch-Epos.

Ugarit am Mittelmeer war Zentrum eines kleinen, aber durch den Zugang zum Meer und die Verbindung ins Landesinnere wichtigen Fürstentums. Im Palast und in manchen Häusern fanden die Ausgräber neben Dokumenten lexikalische und literarische Texte. Den Listen fügte man gelegentlich auch eine Spalte auf Hurritisch hinzu, der in Obermesopotamien und Südostanatolien in der Späten Bronzezeit weit verbreiteten Sprache. Neben der babylonischen Keilschrift verwendete man in begrenztem Umfang eine Buchstabenschrift für das einheimische Ugaritische, eine nordwestsemitische Sprache. Denkmäler dieser ugaritischen Schrift sind erhalten, weil sie wie babylonische Keilschrift auf Tontafeln gedrückt wurde, obschon die Vorbilder der Schriftzeichen auf vergänglichem Material geschrieben wurden.

In Ugarit waren außerdem Hethitisch, die Sprache der politischen Oberherren, und von Händlern Ägyptisch oder mykenisches Griechisch zu hören. 1994 fand man in einer Bibliothek Gilgamesch-Texte (2007 publiziert): eine Auszugstafel mit dem Beginn des Epos (der schon dem kanonischen Prolog ähnelt) und drei Stücke einer größeren Tafel.

Die Fürstentümer Palästinas standen unter der Kontrolle des ägyptischen Pharao, schrieben nach Ägypten aber akkadische Briefe in babylonischer Keilschrift. In Echnatons Hauptstadt Achetaton, dem modernen Tell el-Amarna, fand sich ein Briefarchiv (etwa 1355–1330), das neben der Korrespondenz der Vasallen und der Großmächte auch lexikalische und literarische Texte umfasste. Zwar ist hier Gilgamesch nicht vertreten, aber immerhin wurde ein Fragment in der Stadt eines Vasallen gefunden, in *Megiddo*. Ein Schafhirt eines Kibbuz entdeckte die Tontafel im Schutt der Ausgrabungen, bei denen das kostbare Fundstück unbemerkt blieb, das vielleicht von der Küste nach Megiddo importiert wurde, wie die Analyse des Tons der Tafel ergab.

Am eindrucksvollsten zeigt sich die Adaption des Gilgamesch-Textes in *Hattusa*, modern Boğazköy (heute Boğazkale), der Hauptstadt des hethitischen Reiches im anatolischen Hochland. Seit althethitischer Zeit (etwa 16. Jahrhundert) wurde hier in babylonischer Keilschrift geschrieben, Schreiber aus Babylonien arbeiteten am Hof des hethitischen Königs. Die drei Gilgamesch-Fragmente (davon eines aus dem 15./14., eines aus dem 13. Jahrhundert) sind sicher lokale Abschriften. Darüber hinaus entstand eine hethitische Fassung, die aber, weil die hethitische Literatur keine Verse kennt, in Prosa verfasst wurde. Die Manuskripte stammen aus dem späten 14. und dem 13. Jahrhundert. Die hethitische Fassung erzählt das babylonische Epos frei nach, allerdings mit markanten Änderungen: Gilgamesch wurde von den Göttern erschaffen, es fehlen die Beratungen in Uruk, ebenso alle Träume. Huwawa fordert seine Gegner mit denselben Worten zum Kampf, wie dies Ullikummi im Kumarbi-Zyklus tut: Innerhalb der anatolischen Literatur wird damit eine intertextuelle Verbindung deutlich. An der Küste spricht Gilgamesch das personifizierte Meer an, ein «Wesir des Meeres» tritt auf; die Schenkin trägt den hurritischen Namen Nahmazulel oder Nahmizulen, denn das hurritische *Siduri* bedeutet einfach «Mädchen». Grammatische Merkmale des hethitischen Textes zeigen zudem deutlich, dass er keine Übersetzung des babylonischen Textes ist, der in Hattusa gleichwohl zirkulierte; vielmehr geht der hethitische Text auf ein hurritisches Vorbild zurück. Tatsächlich fanden sich in Hattusa auch bescheidene Fragmente einer hurritischen Fassung, die in einer Unterschrift als «Huwawa»-Epos ausgewiesen ist.

In der Späten Bronzezeit lässt sich also die Übernahme des Gilgamesch-Stoffes in andere Literaturen durch die Übersetzungen ins Hurritische und weiter ins Hethitische nachweisen. Außerdem war der babylonische Text unter der Bildungselite in den Orten Syriens und der Mittelmeerküste bekannt. Doch diese Kulturen der Späten Bronzezeit gingen um 1190/1180 unter: Hatti, Ugarit und die syrischen Fürstentümer, auch Orte wie Emar. Danach, in der Eisenzeit des ersten Jahrtausends, blieb die Keilschrift im Wesentlichen auf die Orte mesopotamischer Kultur in Babylonien und Assyrien beschränkt; am Mittelmeer, in Syrien oder Anatolien schrieb man dagegen phönikische oder aramäische Buchstabenschrift oder hethitische Hieroglyphen. Außerhalb Mesopotamiens fiel kurz nach 1200 mit der Keilschrift auch der babylonische Bildungskanon weg, den man mit der Schrift erlernt hatte.

Ein Literaturkanon wird geschaffen: das 11. Jahrhundert

Assyrien und Babylonien waren vom Zusammenbruch der spätbronzezeitlichen Ordnung nicht betroffen. Assyrien blieb mächtig bis ins frühe 11. Jahrhundert, 1215 plünderte Tukulti-Ninurta I. sogar Babylon. Dort endete die lange Herrschaft der Kassiten um 1157; in diesen Jahrzehnten fiel Elam in Babylonien ein, große Heiligtümer wurden ausgeraubt. Nebukadnezar I. (1126–1104) aus der Zweiten Dynastie von Isin gelang die glänzende Wiederherstellung Babylons, von nun an sollte Babylon als Zentrum mit dem Hauptgott Marduk die Kultur Mesopotamiens prägen. Unter Nebukadnezars Nachfolgern ordnete man das gesamte tradierte Schrifttum, die Serien lexikalischer Listen mit ihren Übersetzungen, technische Texte wie Omensammlungen, Beschwörungen, Gebete, Mythen und Epen. An den altbabylonischen Texten war bisher unterschiedlich weitergearbeitet worden, es liefen verschiedene Traditionen nebeneinander her.

Unter den Dichtern und Gelehrten ragen vor allem zwei Figuren heraus. Esagil-kina-ubbib, Autor der babylonischen *Theodizee*, einem Dialog zwischen dem Dulder und seinem Freund über das Problem des leidenden Gerechten, wirkte unter Nebukadnezar I. und Adad-apla-iddina (1067–1046). Dies vermerkt eine Liste von «Weisen» (*apkallu*) und «Gelehrten» (*ummânu*), die in einer Abschrift aus dem hellenistischen Uruk bekannt ist (W.20030,7). Die Autorenschaft der *Theodizee* bestätigt der *Katalog von Texten und Autoren* aus der Bibliothek Assurbanipals (K 2248 etc.). Auch der zweite Gelehrte, Esagil-kin-apli, arbeitete nach der *apkallu*-Liste unter König Adad-apla-iddina. Ein Katalog magischer Literatur, der *Leitfaden der Beschwörungskunst,* nennt seine Werke. Worin diese Arbeit bestand, zeigt am besten die Unterschrift unter dem Katalog der 40 Tafeln des medizinischen *Diagnostischen Handbuchs*:

> «Was seit Ewigkeiten keine *Gliederung* erfahren hatte und wie verwickelte Fäden war, was keine (gültige) Kopie besaß, das hat während der Herrschaft von Adad-apla-iddina (...) Esagil-kin-apli, der Nachkomme des Asalluhi-mansum, des Gelehrten von König Hammurapi, (...), der Gelehrte von Sumer und Akkad, durch den planenden Verstand, den Ea und Asalluhi ihm verliehen haben, in seinem Inneren gründlich durchdacht und die *Gliederung* von SA.GIG (= das Diagnostische Handbuch) geschaffen, vom Kopf bis zu den Füßen (als Anordnungsprinzip), und sie für die Lehre etabliert (...).»

Mit den beiden Gelehrten unter Adad-apla-iddina liegen also Zeugnisse sowohl für den Dichter (Esagil-kina-ubbib) als auch für den gelehrten Redaktor (Esagil-kin-apli) vor. In dem genannten fragmentarischen *Katalog von Texten und Autoren* findet sich nun der berühmte Eintrag:

«Die Serie von Gilgamesch: von Sin-leqi-unninni, dem [...] (K 9717+: 10).»

Die *apkallu*-Liste verbindet den Autor sogar chronologisch mit seiner Hauptfigur:

«[Zur Zeit des Gilgam]esch war Sin-leqi-unninni Gelehrter.»

Damit lässt sich folgendes Szenario rekonstruieren: Sin-leqi-unninni war ein Gelehrter wie Esagil-kina-ubbib oder Esagil-kin-apli, der aus den vorgefundenen Traditionen des Gilgamesch-Epos, die sich ihm «wie verwickelte Fäden» darstellten, einen gültigen Text erstellte, ihn vereinheitlichte, wohl durch Tafel XI dem Epos eine neue Orientierung gab und der für die gesamte «Serie von Gilgamesch» mit dem verwandten Text der Tafel XII schließlich eine runde Zahl erreichte. Welche Änderungen des Textes gegenüber einer altbabylonischen Fassung Sin-leqi-unninni selbst dichtete, welche er vorfand und als geeignet auswählte, das ist nicht nachzuweisen. Entscheidend ist, dass diese Änderungen sich durchgesetzt haben.

Sin-leqi-unninni, das bedeutet «(Der Mondgott) Sin ist der, der das Gebet annimmt», ist eine Namensform, die ab dem 17. Jahrhundert in Babylonien bezeugt ist. Was seine genauere Datierung betrifft, so orientieren sich die mittelbabylonischen Gilgamesch-Texte des 13. Jahrhunderts (Hattusa, Emar, Ugarit) bei allen Unterschieden noch am altbabylonischen Epos; der Text aus Ur datiert wohl ins 12. Jahrhundert. Das Gilgamesch-Epos wurde sicher in Babylonien redigiert, so dass das turbulente 12. Jahrhundert größtenteils wohl ausscheidet. Wie die anderen Gelehrten wird man Sin-leqi-unninni deshalb am ehesten der Zeit von Nebukadnezar I. (1126–1104) bis Adad-apla-iddina (1067–1046) zuweisen wollen, also etwa dem 11. Jahrhundert. Das Amt des Sin-leqi-unninni ist im genannten Katalog nicht mehr erhalten; vorgeschlagen wurden dafür alle drei Priesterämter: «Wahrsager», «Beschwörer», «Klagepriester».

Im ersten Jahrtausend führten sich in Uruk zwei Familien auf Sin-leqi-unninni als Ahnherrn zurück, so wie andere Gelehrtenfamilien große Schreiber als Vorfahren angaben. Eine Familie Sin-leqi-unninni arbeitete zwar als Viehhirten im 7./6. Jahrhundert; eine andere aber brachte eine Reihe von Schreibern hervor, die das Amt des «Klagepriesters von Anu und Antu» im hellenistischen Uruk ausübten. Viele Fragen dazu sind nicht beantwortbar, etwa worauf die Auswahl eines Ahnherrn als Familienname tatsächlich gründete oder ob der Familienname in Uruk auf die Wirkstätte Sin-leqi-unninnis oder auf das Thema seines Werks zurückzuführen sei.

Die Gelehrten des 12. und 11. Jahrhunderts, zu denen man etwa schon Schubschi-meschre-Schakkan (vielleicht um 1300) hinzuzählen könnte, den Autor von *Preisen will ich den Herrn der Weisheit*, markieren einen Einschnitt in der mesopotamischen Geistesgeschichte: Von nun an wurden mit den Werken der Literatur Autorennamen verbunden. Das zentrale Corpus der religiösen Texte wird im *Leitfaden der Beschwörungskunst* und *im Katalog von Texten und Autoren* dem Weisheitsgott Ea selbst zugeschrieben. Die Texte der Tradition waren so schriftliche Werke geworden, von einem Autor in verbindlicher Form niedergelegt, und es galt, diesen Text zu bewahren. Die Vielfalt an unterschiedlichen Versionen der alt- und mittelbabylonischen Zeit gehörte der Vergangenheit an. Die Abschriften bewahrten nun im Wesentlichen die Tafeleinteilung und folgten meist recht zuverlässig dem Text – trotz aller kleineren Umstellungen und den üblichen Varianten in der Orthografie. Ein kleiner Schreibervermerk zeigt dieses neue Verständnis des schriftlichen Textes am deutlichsten, wenn nämlich manche Textstellen als «ist abgebrochen» bezeichnet sind, weil sie in der schriftlichen Vorlage fehlten. Diese im ersten Jahrtausend allgemein verbreitete Notiz wäre etwa in einem altbabylonischen sumerischen Text völlig undenkbar gewesen, wo neben der schriftlichen Tradition auch die mündliche Lehre Geltung hatte.

Man hat hier von der ‹Kanonisierung› der babylonischen Literatur gesprochen, ein Begriff, der trotz gewichtiger Bedenken prägnanter als andere diese Zäsur in der Tradition beschreibt. Nebenlinien der Überlieferung wurden damit aber nicht völlig ausgemerzt; für Gilgamesch hat sich etwa aus Assur ein Manuskript aus dem frühen ersten Jahrtausend erhalten, das noch stärker der alt- als der jungbabylonischen Fassung verpflichtet ist (s. S. 81 zu Tafel II).

Die Bibliothek Assurbanipals in Ninive und die Tradition im ersten Jahrtausend

Der assyrische König Assurbanipal (669–627?) unternahm alle Anstrengungen, um die Bibliothek in seiner Hauptstadt Ninive auszubauen. Er übernahm ältere Bibliotheken und Sammlungen, er ließ seine Schreiber die erreichbare Literatur abschreiben und ordnete an, in den großen babylonischen Zentren Babylon und Borsippa, der Stadt des Schreibergottes Nabu, Texte zu kopieren. Beim Sieg Assurbanipals über seinen Bruder Schamasch-schum-ukin (647) wurden Texte von Gelehrten Babyloniens konfisziert und nach Ninive transportiert; die Listen über diese Akquisition dürften etwa 2000 Tontafeln und 300 Holztafeln verbucht haben, was eine wesentliche Erweiterung der Bibliothek darstellte. Diese Listen zeigen eindrucksvoll, dass jetzt nur noch ein Teil der Keilschriftliteratur auf Tontafeln geschrieben wurde. Inzwischen benutzte man häufig mit einer Wachsschicht überzogene Klapptafeln aus Holz, auf denen die Texte in winziger Schrift (etwa 2 mm Zeilenhöhe) platz- und gewichtsparender niedergeschrieben werden konnten.

Assurbanipal wäre zum Priester bestimmt gewesen und er hatte selbst eine Schreiberausbildung genossen, was sein außergewöhnliches Interesse an Bildung und Literatur erklären mag. Auf den Tontafeln seiner Bibliothek wurde am Textende im Kolophon vermerkt, dass es sich um Besitz des Palastes des Assurbanipal handle oder dass die Tafel von Assurbanipal geschrieben sei, was seine Anordnung zum Abschreiben meinen dürfte. Als die Meder und Babylonier im Jahr 612 Ninive eroberten und damit das assyrische Weltreich auslöschten, zerstörten sie auch die Paläste mit den Bibliotheken: den einst von Sanherib (705–681) erbauten Südwest-Palast und Assurbanipals eigenen Nordpalast. Das Feuer, das die Eroberer legten, vernichtete die Bibliothek aber nicht vollständig; vielmehr waren die oft nur getrockneten Tontafeln nun gebrannt und noch widerstandsfähiger geworden. Sie waren allerdings fast ausnahmslos in zahllose kleine Stückchen zerbrochen, vieles wurde auch unwiederbringlich zerstört.

Als man in Ninive, das heute im Stadtgebiet von Mossul liegt, 1842 mit den ersten Grabungen im Vorderen Orient begann, war man zunächst eher an den Reliefs interessiert. 1851 gelang dem englischen Ausgräber Sir A. H. Layard der erste große Fund literarischer Texte im Südwestpalast. Das beflügelte auch die Arbeit an der Entzifferung der damals noch kaum bekannten Keilschrift. 1857 gilt als Geburtsjahr der Assyriologie, als die vier führenden Gelehrten unabhängig voneinander einen neugefunden Text weitgehend übereinstimmend entzifferten und übersetzten. Umso bemerkenswerter ist, dass George Smith schon 1872 unter den literarischen Fragmenten im British Museum die Sintfluterzählung identifizierte. Daraufhin bezahlte der Daily Telegraph eine Expedition, um die Fortsetzung des Textes zu finden. Und tatsächlich führte das zum Erfolg, als 1873 im Nordpalast ein weiteres zugehöriges Fragment gefunden wurde. Mit unglaublichem Glück und bewundernswerter Kompetenz hatte Smith den Auftrag erfüllt, was allerdings auch das rasche Ende der Finanzierung bedeutete.

Unter den etwa 30 000 Tafelfragmenten aus Assurbanipals Bibliotheken und Archiven befanden sich mehrere Exemplare von Gilgamesch, bis zu vier Manuskripte von einer Tafel, aber kein vollständiges Set aller zwölf Tafeln. Die 34 oder 35 im assyrischen Duktus geschriebenen Manuskripte aus Ninive umfassen jeweils eine Tafel des Epos; die Tontafeln sind im Breitformat gehalten, etwa 18 bis 24 cm breit, 11 bis 15 cm hoch, mit drei Kolumnen zu je etwa 50 Zeilen auf jeder Seite. Nach wie vor bilden die Tafeln aus der Bibliothek Assurbanipals, die aus beiden Palästen stammen, die Grundlage für die Rekonstruktion und Kenntnis des Epos.

Bibliotheksexemplare tragen einen Kolophon, einen Schlussvermerk, der folgende Informationen enthalten kann: Stichzeile der folgenden Tafel, Nummer der Tafel, Titel des Werks, Zeilenzahl, Vermerk zur Abschrift und zur Vorlage, Schreiber oder Eigentümer, Zweck der Abschrift und damit verbundene Wünsche, ein Datum. Ein Kolophon bietet also immer die wichtigsten Hinweise zur Rekonstruktion eines Werks.

Ein Gilgamesch-Kolophon lautet zum Beispiel (K 231 aus Ninive):

«Mein Freund, warum beraten sich die großen Götter?» (= Stichzeile zu VII 1)
6. Tafel (von) «Der den Urquell sah» (= Beginn I 1), Serie von Gilgamesch (= Tafel I–XII).
Nach der Vorlage abgeschrieben und geprüft.
Palast des Assurbanipal, des Königs der Gesamtheit, Königs von Assur.

Eine Gilgamesch-Tafel aus Assurbanipals Bibliothek entstammt der Sammlung des Gelehrten Nabu-zuqup-kenu, der zwischen 718 und 684 in der ehemaligen Residenzstadt Kalach wirkte. Das Manuskript der XII. Tafel mit der Vision von der Unterwelt und dem Schluss über das tragische Schicksal dessen, der unbestattet blieb, wurde am 27. Du'uzu 705 geschrieben, kurz nachdem König Sargon II. in der Ferne gefallen war, ohne dass sein Leichnam geborgen werden konnte. Am Ende des Monats Du'uzu fand das Klagen um Dumuzi/Tammuz statt, um ihn in die Welt zurückzurufen, bevor man ihn mit den Nöten beschwert wieder in die Unterwelt entließ. Sollte der Text also bei einem solchen Ritual rezitiert werden, bei dem man Beistand aus der Unterwelt erwartete?

A. R. George konnte für seine Edition des jungbabylonischen Epos (2003) insgesamt 184 Fragmente heranziehen, die sich durch Zusammenfügen (der Altorientalist sagt ‹joinen›) von Bruchstücken auf 116 reduzieren lassen, die zu 73 Manuskripten gehörten. Sie stammen auch aus anderen Städten Assyriens: Assur (4), Kalach (2, modern Nimrud) und Huzirina (2, modern Sultantepe, nahe Urfa in der Südosttürkei) sowie aus Babylonien: aus Uruk (7), Babylon (2) und aus Ankäufen des British Museum der 1870er und 1880er Jahre, die Einheimische wohl in Babylon und der Nachbarstadt Borsippa ausgegraben hatten.

Alle diese Manuskripte gaben im Prinzip getreu den kanonischen Text wieder; einzig der Übergang von der IV. zur V. Tafel wurde in Babylonien später im Text angesetzt. Dabei umspannt selbst die belegte Texttradition einige Jahrhunderte: Nabu-zuqup-kenu schrieb 705; die Masse stammt aus Assurbanipals Regierungszeit (669–627?); nach dem Ende Assyriens (612) lässt sich die Tradition in Babylonien verfolgen, wobei die Uruk-Manuskripte zwischen dem späten 6. und der zweiten Hälfte des 4. Jahrhunderts entstanden sind; das letzte datierte Manuskript wurde um 130 geschrieben. Aber anders als vor der Kanonisierung wurde der Text während dieser langen Überlieferung nicht mehr geändert.

Auch die Art der Abschriften hatte sich gewandelt. Zwar gab es neben den Gesamttafeln noch einige Exzerpte, doch unter den Hunderten von spätbabylonischen Schülertafeln (überwiegend aus dem 6./5. Jahrhundert) ließ sich nur ein einziges Gilgamesch-Fragment finden. Anstelle von Gilgamesch schrieben die Schüler nun vor allem religiöse Literatur. Das ist ein weiteres Zeugnis für den Wandel im tradierten Schrifttum, denn in der mittelbabylonischen Zeit waren Gilgamesch-Zitate auf Schülertafeln noch sehr beliebt gewesen, als man geradezu Sentenzen aus diesem ‹Klassiker› zitierte.

Dieser Umschwung ist nur in weiterer historischer Perspektive zu verstehen. Im ersten Jahrtausend breitete sich das Aramäische rasch aus, unterstützt durch die Deportationen ganzer Völker durch die Assyrer. Mit der Sprache gewann auch die aramäische Schrift in Mesopotamien an Einfluss, eine Buchstabenschrift, die mit Tinte auf Leder oder andere vergängliche Schriftträger geschrieben wurde. Der Gebrauch der Keilschrift wurde immer weiter zurückgedrängt, um 600 endete deren Zeit im Gebiet Assyriens auch für Rechtsurkunden. In Babylonien pflegte man Keilschrift noch in den großen Städten und dort vor allem als Schrift der überlieferten Religion im Umkreis der Tempel, zuletzt noch in Uruk, in Borsippa und in Babylon, woher der letzte datierte Keilschrifttext (75 n. Chr.) stammt. Die Schüler, die in spätbabylonischer Zeit Keilschrift schreiben lernten, orientierten sich also an der religiösen Literatur und nicht mehr an dem Helden, dem Menschen und dem Weisen Gilgamesch. Das Gilgamesch-Epos gehörte im ersten Jahrtausend schon nicht mehr zur Allgemeinbildung babylonischer Schreiber.

6. Die literarische Gestaltung

In der altorientalischen Philologie findet das jungbabylonische Gilgamesch-Epos besondere Aufmerksamkeit unter Gesichtspunkten von Grammatik, Lexikon oder Idiomatik. Solche Aspekte müssen hier ausgespart werden zugunsten einer kurzen literarischen Charakterisierung.

Epos, Sage, Weisheit: Zur Einordnung des Textes

Im tradierten Schrifttum Mesopotamiens, von literarischen Texten über lexikalische Listen bis zu Omentexten, wurden Texte nach der Anfangszeile zitiert. Das jungbabylonische Gilgamesch-Epos hieß demnach «Der den Urquell sah», das altbabylonische «Herausragend über die Könige» (S. 90). Als «Serie von Gilgamesch» bezeichnete man die insgesamt zwölf Tafeln des Epos (elf Tafeln) mit dem Anhang der Unterweltsvision (S. 18). Dichtungen waren üblicherweise «Lieder», die man «gesungen» hat.

Bald nach der Entdeckung des Textes vor gut 130 Jahren wurde der jungbabylonische Gilgamesch-Text als ‹Epos› bezeichnet, was die Form eines längeren erzählenden Textes in gebundener Sprache hervorragend trifft. Auch die kürzeren sumerischen Gilgamesch-Kompositionen nennt man ‹Epen› und nicht etwa ‹Balladen›. Der Begriff Epos umfasst in der Regel neben der rein formalen auch eine inhaltliche Dimension, indem Taten eines heroischen Zeitalters behandelt werden. Damit wird das Epos gegenüber dem Mythos, einer Erzählung über die Ursprunge und das Entstehen der Welt, abgegrenzt. Da die Gilgamesch-Erzählungen sich um historische Gestalten (nach mesopotamischem Verständnis) drehen oder an historischem Ort spielen, könnte man sie auch als Sagen (englisch *legends*) ansprechen, ein Begriff, der hier vor allem bei den Erzählungen um die Könige von Akkade gebraucht wurde (S. 48 f.). Die Grenzen sind durchlässig, und vor allem verschieben sie sich während der langen mesopotamischen Literaturgeschichte. Die rein formale Klassifikation als Epos ist davon aber nicht betroffen.

Eine solche erste Einordnung sagt freilich noch nichts darüber aus, welchen Ort *Gilgamesch* innerhalb der zeitgleichen Literatur einnimmt. Literarische Texte im engeren Sinne heben sich durch ihren Stil deutlich von der Alltagssprache und von der Fachsprache etwa der Omentexte oder der Instruktionen (wie Kochrezepte, mathematische Probleme) ab. Dieser Stil ist gekennzeichnet durch ein ‹literarisches› Vokabular mit altertümlichen Wörtern oder Formen und freien Neubildungen oder gebildeten Fremdwörtern; durch Variation in der Wortwahl; durch Erweitern einfacher Aussagen; durch eine freiere Wortstellung anstelle der sonst strengen Regel, dass im Akkadischen das Verb am Satzende steht; durch archaische Merkmale der Grammatik und durch die Bindung des Textes an feste Zeilen oder Verse. Altbabylonische Literatur enthält einige archaische Merkmale, das Jungbabylonische orientiert sich stark am ‹klassischen› Ideal des Altbabylonischen.

Als Beispiel für die Gattungen sei die akkadische Literatur in altbabylonischer Zeit skizziert: *Gilgamesch* gehört zu den erzählenden Texten wie die Dichtungen über die mythischen Gestalten *Etana* (S. 36, 115) und *Atrahasis* (S. 76), über die akkadischen Könige Sargon und Naram-Sin (vgl. S. 48f.), oder wie die Erzählungen von Göttern (etwa *Ischtars Gang in die Unterwelt, Anzu*). Unter die Weisheitsliteratur fallen Sprichwörter, Unterweisungen oder Dialoge, auch ein humoristischer Dialog bei den Wäschern. Der größere Teil der literarisch gestalteten Texte ist auf einen Adressaten hin gerichtet oder bezieht sich auf einen bestimmten, oft magisch-religiösen Anlass: die Beschwörungen, die sprachlich dichtesten, ‹lyrischen› Werke babylonischer Dichtung; Hymnen an und über Götter und Könige;

Klagelieder, persönliche Klagen und Liebeslyrik, Gottesbriefe und Gebete, Totentexte.

Gilgamesch wird man nicht zur Weisheitsliteratur im engeren Sinne rechnen, die Erkenntnis und Erfahrung und die Sicht auf den Ort des Menschen in seiner Welt *unmittelbar* und nicht implizit in einer Erzählung behandelt. Dennoch zeigt der knappe Überblick altbabylonischer literarischer Gattungen, dass sich Erzählungen mit der Weisheitsliteratur dadurch zu einer Großgruppe zusammenschließen lassen, dass sie nicht auf einen bestimmten Adressaten und/oder Anlass ausgerichtet sind. Zur Verbindung der beiden Gattungen könnte man auch auf Zitate von Sprichwörtern in erzählenden Texten oder auf die Lehren in den Sagen über frühe Herrscher (S. 79) verweisen. Das Gilgamesch-Epos hat durch seinen Inhalt und seine literarische Qualität sicher unterhalten – denjenigen, der mit einer guten Geschichte zufrieden war, ebenso wie den Kenner der Literatur; aber es hat auch belehrt, durch die behandelten Themen und durch die exemplarische Erfahrung des Helden.

Wie und wann die Gilgamesch-Texte vorgetragen oder gelesen wurden, ist so wie für die gesamte erzählende Literatur nur ansatzweise bekannt. Am königlichen Hof traten Sänger auf (S. 84 f.), sie dürften auch die sumerischen und akkadischen Gilgamesch-Erzählungen vorgetragen haben. Diese Texte waren zwar sicher nicht in den regelmäßigen Tempelkult eingebunden, aber man kann nicht ausschließen, dass sie etwa bei Feiern zum Totengedenken rezitiert wurden. Schüler des zweiten Jahrtausends lernten die Texte und schrieben sie ab, die damit zum verbreiteten Bildungsgut gehörten. Aber wer las die Manuskripte in Assurbanipals Bibliothek? Rezeption und Einfluss des Textes können wir nur in der Wirkung in Literatur und Kunst erahnen (s. S. 119 f.).

Vers oder Zeile als Grundeinheit

Sumerische und akkadische Dichtung ist immer an Zeilen oder Verse gebunden, hat aber weder ein festes Versmaß noch Reime. Mit drei bis vier Hebungen im altbabylonischen, meist vier bis fünf im jungbabylonischen Text sind die Verse etwa gleich lang. Das unmittelbare Aufeinanderfolgen von zwei Hebungen wird vermieden, und in der Regel endet ein Vers mit einem Trochäus (Versfuß aus einer langen und einer kurzen Silbe), so dass der Text leicht rhythmisiert wird. Auch bei längeren Sätzen bildet ein Vers eine semantische Einheit. Literarische Stilmittel lassen sich ausgehend vom Vers beschreiben. Auf lautlicher Ebene begegnet man Vokal- oder Konsonantenhäufungen und Alliterationen ebenso wie prägnanten Kontrasten. Zeilen oder Zeilenpaare können völlig parallel oder chiastisch (überkreuz) konstruiert sein, was gerne mit lautlicher Gestaltung einhergeht und der Bedeutung entspricht.

Erzähler und Hörer

Der Standpunkt des Erzählers und sein Verhältnis zum Hörer (oder Leser), wie es im Text dargestellt wird, prägt einen Text. Der Erzähler des Gilgamesch-Epos tritt nur an einer einzigen Stelle direkt in Erscheinung, nämlich in dem in der letzten Fassung angefügten (und schon in Ugarit angelegten) Prolog, in dem er den Leser anspricht und der so auch formal herausragt (s. S. 78). Der Text des Epos zeichnet sich durch einen hohen Anteil an direkter Rede aus, nämlich 66% des erhaltenen oder von A. R. George (2003) ergänzten Textes. Das entspricht übrigens genau den 66% direkter Rede in der *Odyssee* und liegt weit über den 45% der *Ilias*.

Der rein erzählende Text folgt den Figuren und beschreibt ihr Tun, ohne zu kommentieren, zu begründen oder zu werten. Erzählt werden der Beginn einer Rede und gelegentlich die Reaktion darauf, Handlungen wie sich zu waschen oder zu kleiden, die Kämpfe. Der Erzähler beschreibt die Wege der Helden, und er gibt wieder, was sie sehen: den Anblick des Zedernwaldes (V 1 ff., s. S. 13) oder des Edelsteingartens. Der Hörer folgt so der Erzählung; er wandert gewissermaßen mit den Helden mit und er sieht mit ihren Augen.

In derselben Weise vernimmt der Hörer auch unmittelbar die zitierten direkten Reden. Gedanken der Charaktere erfährt man in der Regel nur, wenn sie ausgesprochen werden. Ein besonders deutlicher Fall sind die Träume, die nur als Erzählung des Träumenden enthüllt werden; die Deutung erfährt man dann gleichsam mit dem Träumenden. Der Inhalt des Traums, den Gilgamesch nach dem Tod Enkidus sieht und den er niemandem erzählen kann (IX 13 f.), wird folgerichtig nicht ausgeführt. In der sumerischen Dichtung konnte dagegen ein Traum durchaus noch als Traum selbst erzählt werden (man denke an den Traum Lugalbandas oder die Träume in *Tod des Gilgamesch*). So wird auch im akkadischen Epos die Unterwelt nicht direkt geschildert, sondern nur durch den Traum Enkidus.

In ihren Reden verweisen die Personen des Epos auf Vergangenes, zum Beispiel Utnapischti auf die Sintflut, Gilgamesch auf den Tod des Freundes, Enkidu auf die frühere Begegnung mit Humbaba; sie erläutern ihre Pläne, Gilgamesch den Zug in den Zedernwald wie die Lebenssuche; sie verteilen Fluch oder Segen. Entscheidend ist, dass solche Rückblenden und Vorverweise im Epos nur in direkter Rede erscheinen, während der erzählende Text streng die Abfolge der Ereignisse einhält. Rückblende und Vorschau bilden jedoch feste Klammern, die den Text des Epos zusammenhalten.

In den Reden der Protagonisten finden sich Kommentare, Erläuterungen und Wertungen. Damit kann der Erzähler in den Dialogen unterschiedliche Perspektiven zu Wort kommen lassen und so eine differenzierte und durchaus widersprüchliche Sichtweise vorstellen. Deutlich ist etwa die Bewertung von Enkidus Ankunft in Uruk, die er am Totenbett verwünscht, da sie ihm letztlich den frühen Tod gebracht habe, die aber Schamasch in seiner Fürsprache für Schamchat positiv darstellt, denn so habe er einen Freund gewonnen. Ein und dasselbe Ereignis, der Zug in den Zedernwald, wird mit unterschiedlichen Erwartungen, mit Sorgen und Hoffnungen verbunden: Gilgamesch will mit seinem ersten Vorschlag wohl nur Enkidu ablenken, dann sieht er den Ruhm, den er sich erwerben kann; Enkidu warnt vor der Gefahr, die Mutter sorgt sich um den Sohn; in der Öffentlichkeit werden andere Ziele formuliert: Zedernholz zu gewinnen und danach ein Fest auszurichten. Und wenn in auswegloser

Lage die Betroffenen mit ihrem Geschick hadern, so zeigen sie dadurch auch Alternativen für die Handlung auf: Humbaba hätte Enkidu vernichten wollen, als der noch in der Wildnis war; Enkidu hätte am liebsten die Tür aus dem Zedernwald nie verfertigt und in Nippur geweiht. So führt die auf mehrere Personen verteilte komplexe Bewertung einer Handlung beim Hörer zur Reflexion und zum Abwägen von Argumenten.

Wiederholungen

Das akkadische Gilgamesch-Epos zeichnet sich durch feste Wendungen aus, die im gesamten Text auftreten. Stereotyp und fast ohne Variation lautet die Redeeinleitung: «A tat seinen Mund auf und sprach, er sagte zu B», die vor beinahe jeder direkten Rede steht. Die Wendung «als ein wenig des Morgens aufleuchtete» gliedert die Ereignisse im zweiten Teil des Epos (zwischen VII 90 und XI 97). Die beiden Fahrten des Gilgamesch werden durch den Ausdruck «einen weiten Weg gehen/laufen» beschrieben, der gleichermaßen im Prolog (I 9, s. S. 78), vor der Fahrt in den Zedernwald (II 262, III 24 f.) wie auf dem Weg ans Ende der Welt gebraucht wird (IX 54, X 64, 141, 241). Solche stereotypen Wendungen geben dem Hörer deutliche Signale, lassen ihn beispielsweise einen Abschnitt sofort als direkte Rede verstehen und dienen dazu, den Text zu strukturieren.

Nicht nur einzelne Wendungen, auch ganze Abschnitte können wiederholt werden. Diese alte Technik führt etwa bei *Gilgamesch, Enkidu und die Unterwelt* (S. 65) dazu, dass der Anfang dreimal hintereinander erzählt wird, und sie wird auch im jungbabylonischen Epos angewandt. Auf den ersten Blick erscheint sie vielleicht wenig originell und monoton. Aber sie bewirkt, dass sich manche Passagen einprägen. Außerdem kann durch die Wiederholung eine durchaus reizvolle Mehrdeutigkeit erzielt werden. Enkidus Treiben in der Wildnis, die Gefahr von Humbaba, der Tod von Enkidu als Auslöser für die Reise von Gilgamesch, diese Beschreibungen bleiben beim Hörer in ihrem Wortlaut hängen, weil sie mehrfach wiederholt werden. Doch innerhalb des Textes richten sich solche Reden an verschiedene Personen, und hier wirken dieselben Worte jedes Mal ein wenig anders. Wenn Gilgamesch auf der Fahrt zu Utnapischti von jedem, dem er begegnet, nach seinen Sorgen befragt wird und er ein ums andere Mal ausführlich antwortet, dann zeigt sich hierin auch eindringlich die Beharrlichkeit und das übermenschliche Durchhaltevermögen des Helden.

Dieselbe Rede kann unterschiedlichen Personen in den Mund gelegt sein. Vor dem Abmarsch ermuntert Gilgamesch Enkidu mit den Worten (II 232 f.):

> Warum, mein Freund, sprichst du so kümmerlich,
> wurde auch deine Rede schlaff und vergiftest du mein Herz?

Im Wald spricht Gilgamesch dem Enkidu mit diesen Worten Mut zu (V 35), dann aber animiert Enkidu so Gilgamesch zum Kampf gegen Humbaba (V 130 f.). Durch die Wiederholung gewinnt die Wendung an Aussagekraft, die Furcht eines der Helden zu illustrieren. Und wieder wird die Situation in der direkten Rede kommentiert, so dass die Emotionen fassbar werden, ohne im erzählenden Text beschrieben zu sein.

Versatzstücke

In der akkadischen und besonders in der sumerischen Literatur können feste Wendungen als Versatzstücke in unterschiedlichen Texten auftauchen. Das betrifft manchmal stereotype Aussagen wie die Redeeinleitungsformel, ist aber keineswegs darauf beschränkt.

Verdeutlicht sei das anhand von Beispielen aus dem sumerischen Epos *Gilgamesch, Enkidu und die Unterwelt*. Schon der Urzeit-Beginn «in jenen Tagen ...» stellt eine beliebte Texteinleitung dar, im *Tod des Gilgamesch* steht sie im Traumbericht (s. S. 65). Ein spezifischer Ausdruck für das Weinen findet sich so nur in diesen beiden Werken (Z. 46 bzw. N vi 6), was auf deren Abhängigkeit hinweist. Umgekehrt zitiert *Gilgamesch, Enkidu und die Unterwelt* sicher *Gilgamesch und Huwawa A*, wenn nach dem Fällen des *haluppu*-Baumes auf einmal zuvor nie genannte Begleiter tätig werden (Z. 145 f.):

> Die Söhne seiner Stadt, die mit ihm gekommen waren,
> schnitten dessen Äste ab, bündelten sie.

Mit denselben Worten werden nämlich die verschenkten ‹Auren› Huwawas im Zedernwald behandelt, nur dass in *Gilgamesch und Huwawa A* auch davon die Rede ist, dass die Söhne von Uruk mitziehen.

Solche intertextuellen Bezüge müssen nicht auf ähnliche Texte beschränkt sein und können ganze Textpassagen umfassen. Die Schilderung der Unterweltgöttin Ereschkigal findet sich sowohl in *Gilgamesch, Enkidu und die Unterwelt* (199–204, akkadische Übersetzung XII 28–30) als auch in *Inanas Gang zur Unterwelt* (258–262), ohne dass man dabei wüsste, in welche Richtung die Entlehnung ging. Schließlich kennt man Wendungen als Versatzstücke aus mehreren Texten, zum Beispiel:

Gilgamesch kamen die Tränen, er wurde fahl. (in drei Gilgamesch-Texten und im Gudam-Text, Mythen *Inanas Gang zur Unterwelt* 368 und *Dumuzis Traum* 152, Streitgespräch *Reiher und Schildkröte* A 67)

Aufklärung will ich geben, meine Aufklärung werde angenommen, ein Wort will ich sagen, dein Ohr auf mein Wort! (zum Beispiel *Gilgamesch, Enkidu und die Unterwelt* 182 f., *Lugalbanda* II 211, *Enmerkar und der Herr von Aratta* 69, 626; Mythen *Enki und Ninhursanga* 129, *Inanas Gang zur Unterwelt* 30; *Martu* 45; Weisheitstext *Rat des Schuruppag* 9 usw., *Gudea Zylinder A* vi 14)

(Er/PN) erhob sich – es war ein Traum; es schauderte ihn – es war ein tiefer Schlaf. (*Gilgamesch und Huwawa A* 71, *B* 78 f., *Tod des Gilgamesch* M 126 f., *Lugalbanda* I 356, *Dumuzis Traum* 17, *Gudea Zylinder A* xii 12 f., akkadisches Gilgamesch-Epos IX 13)

In der altbabylonischen sumerischen Literatur wurde an den Texten ständig weitergearbeitet (s. S. 68), so dass besonders gelungene Formeln von einem in den anderen Text übernommen werden konnten. Aber die zwei zuletzt angeführten Beispiele finden sich schon in den Zylinderinschriften Gudeas, die um 2120/10 im Tempel deponiert wurden, lange vor der altbabylonischen Tradition. Das Netz der Anleihen und Querbezüge innerhalb der sumerischen Literatur hielt also mindestens drei Jahrhunderte.

Solche Versatzstücke werden gern als Zeichen mündlich überlieferter Literatur angesehen, als Memorierhilfe für den Sänger. Doch sollte das wirklich die einzige Erklärung sein? In einem Epos von mehreren hundert Zeilen bedeuten einige wenige Zeilen an Versatzstücken keine ernstzunehmende Gedankenstütze. Wir müssen die Versatzstücke daher als unverzichtbares literarisches Stilmittel begreifen. Sie betreffen allgemeine Aussagen wie Redeeinleitungen oder wiederkehrende emotionale Reaktionen. Die stereotype Situation, etwa die Reaktion auf ein einschneidendes Erlebnis, wird in stereotype Formulierungen gefasst. Die prägnante Formulierung verbindet sich dann nicht nur mit einem einzigen Erzählkontext, sondern mit vergleichbaren Situationen, und bei jeder Wiederholung erinnert sich der Hörer wieder an die bekannten Stellen. Das Versatzstück gewinnt dadurch eine über die wörtliche hinausgehende pragmatische Bedeutung und trägt zur Wirkung des Textes bei – allerdings nur für den Kenner sumerischer Literatur.

Bildersprache

An Vielfalt und Tiefe gewinnt der Text durch Analogien, Andeutungen, Vergleiche und Bilder. Einige Beispiele mögen das illustrieren.

Als einfache Formen von Analogien kann man sprichwortartige allgemeingültige Sentenzen anführen. Enkidu rät zum Losschlagen gegen Humbaba mit diesen Worten:

«(Erst noch) das Kupfer einfassen in der Rinne des Schmieds?
Die Kohle eine Doppelstunde anfachen? In das angefachte (Feuer) eine Doppelstunde (Brennstoff) nachlegen?
Die Flut zu entfesseln ist die Peitsche einzusetzen!» (V 133–135)

Die Analogie erinnert auch an den Vergleich von Humbaba mit der Sintflut, dessen Ausspruch wie Feuer ist, und er verweist auf die Waffen von den Schmieden, die die Helden mit sich führen.

Eine weitere Form von Analogien und Bildern sind die Träume, die die Realität verschleiern und doch eine zusätzliche Bedeutungsebene aufbauen. Gilgamesch träumt von Enkidu als seiner Axt und er klagt dann um den toten Freund als Axt an seiner Seite; die Axt schützte vor der Gefahr und sie fällte die Zeder. In dem anderen Traum wird Enkidu als «Gebilde des Himmelsgottes» angekündigt. Und das ist Enkidu ja auch: Die Götter haben ihn im Himmel aus Lehm gebildet und in die Steppe geworfen. Im Traum wird das Bild nicht präzisiert, jede Übersetzung als «Meteor» oder ähnlich zerstört die reizvolle Doppeldeutigkeit des Originals. Als die Hirten Enkidu erblicken, sprechen sie zu sich:

«Der Mann, wie gleicht er dem Gilgamesch an Gestalt,
von baumlangem Wuchs, h[och] wie Zinnen.
Er wurde wohl im Gebirge geboren,
wie ein Gebilde des Himmelsgottes, so überstark sind seine Kräfte.»
(SB II 36–43)

Die Wendung «Gebilde des Himmelsgottes» mag formal eine einfache Wiederholung sein; doch in diesem Bild, ja in der gesamten Beschreibung liegt eine für den Hörer offensichtliche Ironie, da Enkidu tatsächlich als Gegenstück von Gilgamesch im Himmel geschaffen wurde.

Eine eigentümliche Art des Vergleichs stellen die genauen Maße und Zahlen im Gilgamesch-Epos dar. Einige Beispiele: 300 Stakstangen zu je 5 Ruten Länge (30 Meter, X 160, 166), die Stangen bringen das Boot 7200 Ruten voran (X 180), pro Stange also 144 Meter. Die Hörner des Himmelsstieres werden mit 30 Minen (15 kg) Lapislazuli versehen, ihr Inhalt ist 6 Kor (1800 Liter; VI 162–164). Man könnte auf den Bau der Arche, die Bewaffnung und anderes verweisen. Durch die Zahlen und Maße bietet der Erzähler dem Hörer einen Bezug zu dessen alltäglicher Umwelt; die unvorstellbaren Taten werden in begreifbare, messbare Größen übersetzt und lassen sich dadurch miterleben.

Reich an Vergleichen und Bildern ist die Klage von Gilgamesch um seinen Freund Enkidu. Im Verlust tritt der Wert Enkidus umso stärker hervor, und die Bilder helfen, das nicht angemessen Beschreibbare in Worte zu fassen. Enkidu ist die Axt an der Seite, was das Bild aus den ersten Träumen wiederaufnimmt. Wenn er sich dem toten Freund zuwendet, verwendet er die in der mesopotamischen Dichtung so häufigen Tierbilder, die die Kraft, Schnelligkeit und Ausdauer preisen. Hier deuten sie auch auf die Herkunft Enkidus aus der Steppe und auf die Taten mit Gilgamesch in der Wildnis hin. Die Bilder geben nicht nur der Klage Gilgameschs Worte; letztlich werden damit auch dem Rezipienten die Worte angeboten, um mit der besonderen Situation des Todes umzugehen.

7. Der Mensch im Gilgamesch-Epos

Die Erzählungen über den sagenhaften frühen König von Uruk kreisen um das Wesen des Menschen, seinen Stand in der Gesellschaft und seinen Umgang mit dem Tod. Der Text ist so gehaltvoll und dicht, dass er heute auf unterschiedliche Weise untersucht werden kann: Man kann dem Helden in entwicklungspsychologischer Hinsicht folgen, das Verhältnis der Geschlechter in *gender*-Perspektive betrachten, die Beziehung des Menschen zur Natur behandeln, *Gilgamesch* als Astralmythos interpretieren, eine Ideologiekritik hineinlesen, und so weiter. Im Folgenden soll nur versucht werden, die Darstellung des Menschen im Text innerhalb der mesopotamischen Kultur zu verorten. Ausgehen müssen wir dabei von Gilgamesch als König (S. 43 ff.) und als Herrscher im Totenreich (S. 58 f.).

Der junge Mann

Die Beziehungen von Gilgamesch zu anderen Personen definieren seine soziale Stellung. Lässt man einmal sein Verhältnis zu den Einwohnern von Uruk als deren Herrscher beiseite, so bleiben allein zwei Menschen, die ihm nahestehen: seine Mutter Ninsun und sein Freund Enkidu. Gilgamesch wendet sich an seine Mutter, um die Träume zu deuten, er stellt ihr Enkidu vor, sie betet für seine Reise, adoptiert Enkidu (Tafel I–III). Danach kommt Ninsun nicht mehr vor, Gilgamesch hat die Bindungen an seine Herkunft gelöst. Sein Interesse an Frauen wird höchstens vage angedeutet und weist dann eher auf erotische Abenteuer hin: Er sendet die ihm offenkundig vertraute Schamchat, in Uruk preist man seine Schönheit, die Göttin Ischtar begehrt ihn. Doch gelegentlich deutet sich an, dass die Gründung einer Familie bevorsteht: Man wünscht, dass er «zu den Bräuten» aus dem Zedernwald zurückkehre (III 10, 225), Ischtar bietet die Ehe an (Tafel VI), und im altbabylonischen Epos stellt ihm die Schenkin die Alternative der Familie vor (OB VA+IM). Die *Sumerische Königsliste* kannte ja einen Sohn des Gilgamesch (S. 46).

Der Held Gilgamesch verkörpert also den Status des alleinstehenden jungen Mannes in der Übergangszeit zwischen Kindheit und Familiengründung. Das ist die Zeit der Abenteuer, der Entdeckungen und Eroberungen, und deshalb stehen in der Dichtung die jungen, alleinstehenden Männer auf seiner Seite (im Epos, in *Gilgamesch und Huwawa*, in *Gilgamesch und Agga*). Als Illustration dieser prototypischen Situation begegnet häufig das Motiv, dass der Sohn sich für den alten Vater in den Schlachten bewährt, insbesondere in den Mythen um den Kriegergott Ninurta. Bei Gilgamesch fehlt der Vater völlig; so kann die subjektive Perspektive besser zur Geltung kommen.

Enkidu, der Freund

Die Götter schaffen Enkidu als Gegenspieler für Gilgamesch, doch ist die Wortwahl wie so oft mehrdeutig: Er sei ihm «ebenbürtig» oder «ähnlich» (I 97), «sie mögen sich in Uruk ständig vergleichen» (I 98). Gilgamesch träumt vom Freund, Enkidu fiebert dem Kampf entgegen; es tritt beides ein: Nach dem Ringkampf werden sie Freunde. Enkidu ist im gesamten Epos, ja schon in den sumerischen Epen die wichtigste Bezugsperson für Gilgamesch, als Freund im Leben wie im Tod (vgl. S. 66). Man muss dazu wissen, dass die Gestalt Enkidu in der mesopotamischen Literatur nur als Bezugsperson zu Gilgamesch auftritt. Die einzige Ausnahme bildet eine altbabylonische Beschwörung, in der Enkidu das Baby, das «kleine Gazellenkitz», im Schlaf beschützen soll.

Enkidu ist nicht nur der Freund von Gilgamesch, sondern von Anfang an der Freund und Beschützer schlechthin. Er bewahrt die Tiere in der Steppe vor dem Jäger, er bewacht die Herden der Hirten und er verteidigt die Braut vor Gilgamesch. Erst dann wird er zu dessen Freund und durch den Auftrag der Leute von Uruk auch zum Beschützer.

Die Tragik des Todes Enkidus liegt darin begründet, dass seine Rolle als Beschützer unweigerlich zu diesem Ende führen musste. Der Tod wurde ihm gesandt, weil er Humbaba und Himmelsstier erschlagen hatte, die zwei göttlichen Ungeheuer. Doch da traf ihn keine persönliche Schuld, es war kein Ausdruck von Hybris; sondern er erfüllte seine Aufgabe, den König und die Stadt Uruk in der Gefahr zu beschützen. Enkidus Klage am Totenbett, sein Weg in die Welt der Menschen habe zu seinem Tod geführt, weist noch einmal auf diese unvermeidliche Ereigniskette hin. Für Gilgamesch liegt im Tod des Freundes auch die Tragik, dass dieser für sein Ziel, sich einen Namen zu setzen, sterben musste.

Enkidu steht loyal zu seinem König, obwohl das ins Verderben führt; er wird dafür geehrt, im Epos wird ihm ein Denkmal gesetzt. Dass zudem einer, der aus der Wildnis kam, zum Ratgeber des Königs werden kann, mag durchaus vorbildhaft gewirkt haben. Nicht nur der Held Gilgamesch, auch der tragische Enkidu konnte so zur Identifikationsfigur werden.

Das Ende im Tod und das Weiterleben im Namen

Das Wissen des Menschen darum, dass das Leben durch den Tod begrenzt wird, prägt eine Kultur und ihre Religion. In Mesopotamien war dem Menschen kein erstrebenswertes Dasein nach dem Tode verheißen, er sorgte nicht in gleicher Weise wie etwa in Ägypten zu Lebzeiten für ein Leben nach dem Tode vor, indem er sich Grabstätten erbaute und ausstattete; das Jenseits belohnte nicht für Leiden oder gerechte Taten während des Lebens. Der Tod bedeutete demnach ein völliges Ende jeden Lebens, die Existenz in der Unterwelt war trist und freudlos (S. 32 f.).

Die mesopotamische Mythologie widmete sich intensiv dem Problem von der Unabänderlichkeit des Todes. Die Dichtung von Atrahasis führt Gründe für die Existenz des natürlichen Todes an (S. 76). Und dem Priester Adapa bleibt bei seiner Vision eines Empfangs im Himmel die letzte Weisheit verschlossen, das ihm angebotene Wasser und die Speise des Lebens zu erkennen. Das Gilgamesch-Epos lehrt, das Schicksal zu akzeptieren: Selbst der größte Held kann das ewige Leben nicht gewinnen, auch er kehrt wieder in seine Stadt zu seiner Aufgabe zurück.

Dem Menschen blieb aber ein Weg, über den Tod hinaus in dieser Welt präsent zu bleiben, indem sein Name fortlebte. Der Name war ein untrennbarer Bestandteil des Menschen, jemanden «mit Namen zu benennen» bedeutete, ihm seine Existenz zu geben. Wenn ein Mensch starb, lebte sein Totengeist weiter in der Unterwelt, sein Name hatte hingegen auf dieser Welt Bestand.

Im Gilgamesch-Epos wird ausgeführt, auf welche Weise man sich einen Namen schaffen konnte: zunächst dadurch, dass man Taten leistet, die im Gedächtnis der Menschen Bestand haben. Bezeichnend ist die Aussage in *Gilgamesch und Huwawa A* (4 f., 30 f.):

Nachdem ein Mensch sein Leben nicht über dessen Lebensende
hinaus führen kann,
will ich ins Bergland hineinziehen, will ich dort meinen Namen
setzen!

Des Weiteren lebt der Name eines Menschen in seinen Nachkommen weiter, wie dies im altbabylonischen Epos die Schenkin am Ende der Welt Gilgamesch verkündet:

Gilgamesch, wohin eilst du?
Das Leben, dem du nachrennst, das wirst du nicht finden!
Als die Götter die Menschheit schufen,
da haben sie das Leben in ihrer Hand behalten.
Du, Gilgamesch, gefüllt sei dein Bauch,
freue dich Tag und Nacht!
Verbreite täglich Fröhlichkeit,
Tag und Nacht tanze und spiele!
Deine Kleider seien gereinigt,
dein Kopf gewaschen, du mit Wasser gebadet!
Sieh hin auf den Sohn, der deine Hand hält,
die Frau möge sich immer an deinen Lenden erfreuen!
(OB VA+BM iii 1–15)

Die Schenkin fordert nicht nur die Rückkehr ins Leben nach der Trauerzeit, sondern sie verweist auf das Lebensziel der eigenen Nachkommenschaft. Das Thema wurde in einer anderen akkadischen Dichtung ausgeführt: Etana, der sagenhafte König von Kisch, lässt sich für das Kraut des Gebärens von einem Adler in den Himmel tragen (S. 36); auch Etana wurde als Herrscher im Totenreich verehrt.

Wie schon oben auf S. 79 hervorgehoben, erscheinen diese beiden Wege sich selbst einen Namen zu schaffen nur im altbabylonischen Gilgamesch-Epos und wurden in der späteren Fassung gestrichen. Die jungbabylonische Fassung stellt hingegen das Schriftstück in den Vordergrund, das die Taten von Gilgamesch überliefert (S. 78 f.). Denn in der Inschrift überlebte der Name nach dem Tod unabhängig von den Personen, die ihn bewahren.

Auch Enkidu hatte eine Inschrift hinterlassen, die seinen Namen überliefern sollte, nämlich die dem Gott Enlil in Nippur geweihte Zederntür. Als markantes Zeichen seines menschlichen Lebensweges, die an den Frevel im Zedernwald erinnert, verflucht er sie auf dem Totenbett:

> Jetzt aber, Tür, ich habe dich gemacht, ich habe dich hochgehoben,
> ich will [...], ich will dich herausreißen!
> Sei es ein König, der nach mir heraufkommt, er soll dich hassen,
> sei es [...], er soll dich einhängen,
> und meinen Namen soll er entfernen und seinen Namen darauf setzen. (VII 59–63)

Dieser Fluch verkehrt den Sinn einer Weihinschrift in ihr Gegenteil: Denn die Inschrift sollte den Namen erhalten. Ein zukünftiger Herrscher wurde darin zur Pflege der Inschriften aufgefordert und starke Flüche bei den Göttern sollten gerade verhindern, dass die Inschrift missachtet oder von einem anderen Herrscher usurpiert werde. Enkidu löscht mit seinem Fluch eine Form des Gedächtnisses an seinen Namen.

Bestattung und Totengedenken

Nach dem Tod ging der Totengeist in die Unterwelt ein, wenn der Körper ordnungsgemäß bestattet wurde; ansonsten würde er in der Welt umherirren und Unheil bringen. In Mesopotamien bestattete man die Toten nach ihrem Tod rasch in einfachen Gruben oder auch in gemauerten Schächten; es folgte eine mehrtägige Trauerzeit. Gilgamesch zögert die Bestattung hinaus, bis dem toten Freund «der Wurm aus der Nase fiel»; seine Trauerzeit währt, bis er Utnapischti erreicht hat.

Bei der Bestattung Enkidus in der VIII. Tafel des Epos werden die Gaben für die Götter der Unterwelt präsentiert. Diese Vorstellung bestimmte wohl weitgehend die Sitte, den Toten reiche Gaben mit ins Grab zu geben. Eine vergleichbare Szene wird nämlich im sumerischen *Tod des Gilgamesch* und in der sumerischen Dichtung *Urnammas Tod* geschildert.

Gilgamesch bewahrt das Andenken Enkidus, indem er eine Statue von ihm anfertigen lässt. So kann das Andenken an ihn im Bildnis bewahrt werden, ohne dass leibliche Nachkommen die Totenopfer durchführen. Dies geschah auch an den Statuen der Könige in den Heiligtümern.

Der Name des Verstorbenen überlebte in der lebendigen Erinnerung, die in der Regel in der Familie aufrechterhalten wurde. Der älteste Sohn übernahm den Kult der Ahnen, deren Namen bei den Totenopfern rezitiert wurden. Zentraler Ritus des Totenopfers war das Ausgießen von Wasser am Grab. Denn das Totenreich wurde als ein trockener, staubiger Ort gesehen, an dem die Toten des Wassers bedurften (vgl. S. 36). Dass die eigene Nachkommenschaft die Totenopfer durchführen kann, mag man als ein Ziel des Lebens betrachtet haben. Der Schluss von *Gilgamesch, Enkidu und die Unterwelt*, in akkadischer Übersetzung die XII. Tafel der *Serie von Gilgamesch*, legt diese Lehre nahe. Eine größere Anzahl an Kindern garantiert regelmäßige Versorgung und sorgenfreien Aufenthalt in der Unterwelt, während die kinderlos Gebliebenen um ihre vertane Chance klagen. Ein Manuskript des sumerischen Epos aus Ur fügt einen Schluss über die Totenfeiern an: Gilgamesch kehrt nach Uruk zurück, er feiert mit der Stadt, zeigt die Statuen der Verstorbenen und beginnt dann die neuntägigen Klageriten, er bringt seinen (verstorbenen) Eltern Wasser dar. Auch im *Tod des Gilgamesch* gilt er als derjenige, dem die Totenfeiern unterstehen, dem im Traum auf dem Sterbebett Folgendes geweissagt wird (N_1 v 6–11, Tafel kollationiert):

Hat die Menschheit, soweit sie mit Namen benannt ist,
Statuen von sich für alle Zukunft verfertigt,
haben wohl die Jungen, die Männer – ein Anblick wie eine
  Mondsichel – zunächst einen ‹Bogen› gemacht;
haben sie wohl davor (d.h. vor den Statuen) Faustkampf und Wettlauf abgehalten,
dann soll ohne ihn (d.h. Gilgamesch) kein Licht davor stehen,
um im Monat Nenegar das Fest der Totengeister durchzuführen.

Gilgamesch würde immer anwesend sein, wenn im Nenegar, dem fünften Monat des Jahres, Totenfeiern vor den Statuen der Verstorbenen durchgeführt werden, man dort Lichter aufstellt. Bis ins erste Jahrtausend galten die letzten Tage des fünften Monats mit dem *Abum*-Fest als angemessener Zeitpunkt für Totenfeiern. Da ein Monat mit dem Erscheinen der Mondsichel am Abendhimmel begann, herrschte zu Monatsende Neumond, eine Trauer- und Unglückszeit. Das Ende des fünften Monats entsprach etwa der Zeit um Ende August, wenn in Mesopotamien das Land ausgedörrt und vertrocknet ist. Der natürliche Zyklus der Vegetation bestimmte so den Zeitpunkt, der Toten in ihrer staubigen, trockenen Unterwelt zu gedenken (so wie in nördlicheren Breiten die Totenfeiern in den dunklen November nach dem Laubfall gehören). Zu Ehren von Gilgamesch wurden vor den Statuen Lichter angezündet und die jungen Männer führten Ringkämpfe durch. Dieser Volksbrauch findet im Ringkampf zwischen Enkidu und Gilgamesch seine literarische Referenz.

Trotz Humbabas Fluch, dass Enkidu außer Gilgamesch niemanden habe, der ihn bestatte (V 280), lebte sein Andenken im Ringkampf der Totenfeiern fort. Und in der Tat vergaß man in Mesopotamien auch diejenigen nicht, die ohne Nachkommen im Dienst des Königs gefallen waren, denn ihrer gedachte man bei den königlich-staatlichen Totenfeiern.

Trotz der Düsternis der altorientalischen Todesvorstellung standen dem Einzelnen Möglichkeiten offen, sich zu Lebzeiten durch seine Taten und durch seine Kinder nachkommende Generationen zu verpflichten, die seinen Namen erhalten und ihn damit vor dem völligen Auslöschen bewahren sollten. Die Wege dazu hatte der junge Mann beim Eintritt in das selbständige Leben einzuschlagen; er konnte sich dabei an der Erzählung vom jugendlichen Helden Gilgamesch orientieren.

8. Wirkung und Nachleben

Wirkung im Alten Orient

Das akkadische Gilgamesch-Epos ragt aus der mesopotamischen Literatur heraus, in die es doch in seiner langen Texttradition stilistisch und in der Erzählweise sowie durch Querbezüge und Zitate fest eingebettet ist. Gilgamesch war wohl nicht nur Gelehrten und Schreibern, sondern der breiten Bevölkerung vertraut, wenn er als Schutzherr der jährlichen familiären Totenfeiern galt (S. 58f., 117).

Eine Reihe von bildlichen Darstellungen sowohl in Relief als auch in den geschnittenen Bildern der Rollsiegel nimmt Bezug auf Episoden des Gilgamesch-Epos; das sprichwörtlich hässliche Gesicht Huwawas begegnet als Fratze in der Kleinkunst: Hinweise auf die Verbreitung der Erzählung.

Im zweiten Jahrtausend waren Gilgamesch-Erzählungen Stoff der Schule, im ersten Jahrtausend nicht mehr (s. S. 90, 100). Dafür tauchen in der Literatur nun Zitate und Anspielungen auf das akkadische Gilgamesch-Epos auf. In der stark auf Texte bezogenen Schriftkultur entstanden Kommentare, in denen Texte oft durch Zitate aus anderen Werken erläutert und ausgedeutet werden. *Gilgamesch* erscheint immerhin zweimal in Kommentaren. Angeführt sei hier der Kommentar zu dem Omen, dass der Beschwörer auf dem Weg zum Kranken eine aufgerichtete Tonscherbe als Zeichen für unheilbare Krankheit ansehen solle; der Kommentar entwickelt den Gedanken, dass der Mensch wie ein Tongefäß aus Ton geschaffen sei und zitiert dazu Gilgamesch I 102 f.: «Sie formte den Ton und warf ihn in die Steppe, in der Steppe schuf sie Enkidu, den Helden.» Das zerbrochene Tongefäß aber stehe für den Tod.

Zitate aus dem Gilgamesch-Epos oder zumindest vergleichbare Ausdrücke findet man in der Literatur und in königlichen Texten. Doch das große Epos, das selbst voll Ironie und Humor steckt, wurde auch humoristisch verfremdet. In einem fiktiven Brief bittet Gilgamesch um Unmengen an Materialien und Arbeitstruppen für die Bestattung Enkidus. Ähnlich humorvoll-didaktische Briefe, die in einer langen Liste von Berufen enden, hat man auch im Namen Sargons verfasst. Etwas subtiler ist der Verweis auf das Vorbild in der *Fabel vom Fuchs*. Als der Fuchs in das Gebiet des Löwen eindringt, droht ihm der Löwe mit Worten, die als humoristische Version der Drohrede Humbabas gegen Gilgamesch gelesen werden können. Ein drittes Beispiel entstammt dem sogenannten *Pessimistischen Dialog*, in dem ein Herr seinen Sklaven um Zustimmung bittet. Der Sklave weiß immer gute Argumente, ob der Herr nun eine Handlung vorschlägt, etwa eine Reise zu unternehmen, oder im nächsten Satz das Gegenteil davon. Als der Herr äußert, dem Land doch keine Wohltat angedeihen zu lassen, wie er es zuvor geplant hatte, unterstützt ihn sein Sklave (Z. 75–78):

> «Mach es nicht, Herr, mach es nicht!
> Steig hinauf auf die alten Ruinenhügel, geh herum,
> sieh die Schädel des Ersten wie des Letzten:
> Wer war da Bösewicht, wer Wohltäter?»

Das ruft den Prolog und den Schluss des Gilgamesch-Epos ins Gedächtnis (I 18 und XI 323, s. S. 18, 78 f.), doch wird der Text in sein genaues Gegenteil verkehrt; denn dort sollte der Leser das Schriftstück finden, das die Taten Gilgameschs überliefert und zum Gedächtnis bewahrt.

Reflexe in der Bibel – und bei Homer?

Inwiefern das Gilgamesch-Epos, ja überhaupt mesopotamische Literatur auf andere antike Literaturen eingewirkt habe, ist eine gerade in jüngster Zeit wieder intensiv diskutierte Frage.

Die Sintfluterzählung, die ins Gilgamesch-Epos aus Atrahasis übernommen wurde (S. 75–77), bildete als überdeutliche Parallele zur Erzählung von Noah in Genesis 6–8 den sensationellen Auftakt zur Wiederentdeckung der altorientalischen Literatur.

Die Frage, wie der biblische Text von babylonischen Vorbildern abhinge, entzweite die Gemüter gerade in Deutschland zu einer Zeit, als der Kaiser noch Oberhaupt der evangelischen Kirche war, zugleich aber die Forschungen im Orient unterstützte. Die kurzfristige, aber heftige Kontroverse ging als Babel-Bibel-Streit (1902/03) in die Wissenschaftsgeschichte ein, wobei der Sintfluterzählung immer ein besonderer Stellenwert zukam. Die Übereinstimmung in so vielen Details (Aussenden der Vögel; Stranden der Arche an einer Bergspitze; dass die Götter bzw. der Herr das Opfer riechen) und dazu die lange Tradition der Vorstellung von der Sintflut in Babylonien belegen, dass Mesopotamien der gebende Teil war. In einem jüngst publizierten Fragment des jungbabylonischen *Atrahasis* spricht Enlil abschließend: «Von heute an sei keine Flut mehr angesetzt, aber die Leute sollen auf ewig bestehen!» (CTMMA 2, 42). Ein solches Versprechen findet sich auch in der Bibel, aber nicht in Gilgamesch.

Obwohl Jerusalem im ersten Jahrtausend Teil des weiteren altorientalischen Kulturraums war, sind genauer Ort und Zeit der Übernahme der Erzählung nur schwer zu fassen. Zwar kennen wir spätbronzezeitliche Gilgamesch-Fragmente aus Megiddo und Ugarit (S. 91 f.); doch ob eine solche frühe Übernahme in den (eisenzeitlichen) Bibeltext eingegangen wäre, bleibt fraglich. Die Assyrer eroberten Samaria 723/22 und standen bis 609 in Kontakt mit Jerusalem, doch ist hier noch unklar, wie (und ob) keilschriftliche Literatur in andere Sprachen übertragen wurde. Denn im ersten Jahrtausend war der Schulbetrieb und damit die Tradition keilschriftlicher Literatur auf Mesopotamien beschränkt (s. S. 99 f.). Zu einem unmittelbaren Kontakt der zwei Kulturen führte schließlich das babylonische Exil der Juden nach der Einnahme Jerusalems durch Nebukadnezar II. (597 und 586).

Noch mehr Fragen stellen sich bei der Überlegung, ob das Gilgamesch-Epos die homerischen Epen beeinflusst haben könnte. Der Lebenssucher Gilgamesch und der einsam heimkehrende Odysseus, die beide die Grenzen der bewohnten Welt ausloten, wurden in verschiedener Hinsicht verglichen. Doch auch hier gilt, dass die Übersetzung von Literatur allein in der Späten Bronzezeit in Hattusa belegt ist (s. S. 92 f.). Für das frühe erste Jahrtausend wird nicht unmittelbar deutlich, auf welchen Wegen sich das Schrifttum, das auf Mesopotamien und dort auf eine immer kleiner werdende Schreiberelite beschränkt war, im Mittelmeerraum habe verbreiten können. Die enge Übereinstimmung der Sintfluterzählungen in *Bibel* und *Atrahasis* und *Gilgamesch* zeigt aber, dass das mesopotamische Vorbild sich nicht hinter Andeutungen und Umarbeitungen verstecken muss.

Gilgamesch ging in die griechische Literatur später ein (S. 42), und zwar durch Vermittlung des babylonischen Priesters Berossos. In seinem Werk *Babyloniaka* oder *Chaldaika*, das er dem Seleukiden Antiochus I. um 290 widmete, beschrieb er die Geschichte Babyloniens von der Entstehung der Erde bis auf Alexander. Auch die Sintfluterzählung mit dem Weisen Xisuthros, dem sumerischen Zi(u)sudra, findet sich hier wieder. Das Werk des Berossos ist allerdings nur aus späteren Zitaten griechischer Historiker bekannt.

Wiederentdeckung und Rezeption in der Neuzeit

Mit den Forschungsreisen im 18. und 19. Jahrhundert begann auch die Wiederentdeckung des Alten Orients und der frühe Fund der Bibliothek Assurbanipals beflügelte die Forschung (s. S. 98). Die Sintflutgeschichte stand 1872 am Anfang der Wiederentdeckung von Gilgamesch durch George Smith, die erste Edition der Keilschrifttexte von Paul Haupt erschien 1884 und 1891. Seitdem haben Generationen von Altorientalisten dazu beigetragen, den Text des Epos wiederzugewinnen. Einen Meilenstein in der Erforschung des Textes stellt die neue wissenschaftliche Edition durch Andrew George (2003) dar, inzwischen wurden aber schon weitere Manuskripte bekannt. Seit seiner Wiederentdeckung bemüht sich die Altorientalistik um ein Verständnis des Textes. Die zahlreichen Interpretationen spiegeln dabei immer auch die jeweiligen zeittypischen Interessen. Kein anderer keilschriftlicher Text erfuhr so viele Übersetzungen und Nacherzählungen und evozierte so viele Kommentare auch außerhalb der Altorientalistik.

Gilgamesch, die Erzählung von der Suche des Menschen nach den Grenzen des Lebens, regte immer Künstler an, sich mit dem Stoff auseinanderzusetzen. Außer freien Nachdichtungen und Anspielungen sind hier musikalische Umsetzungen zu nennen, von denen das Oratorium von Bohuslav Martinu die bekannteste ist. Auch Maler und Zeichner schufen Gilgamesch-Zyklen.

Als großes Werk der keilschriftlichen Literatur wird das Gilgamesch-Epos durch seine Perspektive auf den Menschen und aufgrund seiner literarischen Dichte und Vielschichtigkeit auch weiterhin immer zur wissenschaftlichen wie künstlerischen Auseinandersetzung anregen.

Nachwort zur 3. Auflage

Fünfzehn Jahre nach der Erstauflage ist diese Einführung in die Gilgamesch-Dichtungen, in keilschriftliche Literatur und altmesopotamische Ideengeschichte in ihren Grundzügen nach wie vor gültig. Rezente Forschungen behandelten nicht nur Facetten der Textgeschichte, sondern auch so unterschiedliche neue Themen wie die dichterische Darstellung von Emotionen, Gilgamesch-Bilder in der Kunst oder das Nachleben im Gigantenbuch der Qumran-Texte. Stetig ergänzen Neufunde den Text der Gilgamesch-Dichtungen, eine aktuelle Edition und Übersetzung der Texte bietet die «electronic Babylonian Library» (https://www.ebl.lmu.de/corpus/L/1/4).

Zeittafel

3600–2900:	Uruk IV und III *Schrifterfindung, archaische Texte (Urkunden, lexikalische Listen)*
2900–2600:	Frühdynastisch I–II etwa 28. Jahrhundert: Stadtmauer von Uruk etwa 27. Jahrhundert: Texte aus Ur
2600–2500:	Frühdynastisch IIIa Königtum von Kisch *Fara (26. Jahrhundert): sumerische Literatur, lexikalische Listen*
2500–2300:	Präsargonische Zeit; altsumerische Sprachperiode (bis ca. 2300)
2323–2142:	Reich von Akkade, altakkadische Sprachperiode Sargon (2323–2284) Naram-Sin (2261–2206)
um 2120/2110:	Utuhengal von Uruk, Gudea von Lagasch
2110–2003:	Dritte Dynastie von Ur (Ur III), neusumerische Sprachperiode *Sumerische Literatur am Königshof; sumerische Gilgameschtexte* Urnamma (2110–2093) Schulgi (2092–2045)

2003–1595:	Altbabylonische Zeit, altbabylonische und altassyrische Sprachperiode
	Dynastie von Isin (2019–1794)
	Aussterben des Sumerischen als Alltagssprache im 20. Jahrhundert, Corpus sumerischen Schrifttums wird geschaffen
	Dynastie von Larsa (1933–1763)
	    Rim-Sin von Larsa (1822–1763)
	Anam von Uruk (um 1800)
	I. Dynastie von Babylon
	    Hammurapi (1792–1750)
	1722/20 Ende von Nippur
	1595 Zerstörung von Babylon
	Sumerische Tradition altbabylonischer Zeit (Schriftsprache)
	Altbabylonisch: Blüte akkadischer Dichtung, altbabylonisches Gilgamesch-Epos

1600–1000:	Späte Bronzezeit, mittelbabylonische und mittelassyrische Sprachperiode
	Kassitendynastie in Babylonien (nach 1595 bis 1157)
	Hethitische Großreichszeit (ca. 1450–1180)
	Assyrien: Mittelassyrisches Reich (Blüte um 1350 bis um 1050)
	Verbreitung der Keilschrift im Vorderen Orient (Anatolien, Syrien, Palästina, Ägypten), Gilgamesch-Übersetzungen (16. Jahrhundert bis 1200)
um 1180:	Zusammenbruch der spätbronzezeitlichen Kultur,
	Ende der Keilschrifttradition außerhalb Mesopotamiens
1157–1026:	Isin II
	Adad-apla-iddina (1068–1047)
	Gelehrte Esagil-kina-ubbib und Esagil-kin-apli
	Jungbabylonisch als Literatursprache, Kanonisierung des Schrifttums
	Sin-leqi-unninni: jungbabylonisches Gilgamesch-Epos
1000–539:	Eisenzeit, neubabylonische und neuassyrische Sprachperiode
ca. 1000–609:	Neuassyrisches Reich
	Sargon II. (722–705)
	Assurbanipal (668–631/627), königliche Bibliothek in Ninive
	612 Zerstörung von Ninive
626–539:	Neubabylonisches Reich
539–333:	Persische Achämeniden, von nun an spätbabylonische Sprachperiode
333–141:	Seleukiden
ab 141:	Parther in Mesopotamien
	um 130: letzte datierte Gilgamesch-Abschrift
75 n. Chr.	*letzter datierter Keilschrifttext*

Bibliografische Hinweise

Kritische Edition der akkadischen Gilgamesch-Texte:

Andrew R. George, The Babylonian Gilgamesh Epic. Introduction, Critical Edition and Cuneiform Texts. Oxford: University Press, 2003

Andrew R. George, unter Mitarbeit von E. Jiménez und G. Rozzi, Poem of Gilgameš. electronic Babylonian Library, https://www.ebl.lmu.de/corpus/L/1/4, 2022

Wichtige neuere Gilgamesch-Übersetzungen sind darüber hinaus:

Benjamin R. Foster, The Epic of Gilgamesh, enthält auch: D. Frayne, The Sumerian Gilgamesh Poems, G. Beckman, The Hittite Gilgamesh. New York/London: Norton, 2001

Stefan M. Maul, Das Gilgamesch-Epos. Neu übersetzt und kommentiert. München: Beck, [5]2012

Wolfgang Röllig, Das Gilgamesch-Epos. Neu übersetzt und kommentiert. Stuttgart: Reclam, 2009.

Einführend zur sumerischen und akkadischen Literatur:

Jeremy A. Black, Graham Cunningham, Eleanor Robson, and Gábor Zólyomi, The Literature of Ancient Sumer. Oxford: University Press, 2004

Dietz Otto Edzard und Wolfgang Röllig, Artikel Literatur, Reallexikon der Assyriologie und Vorderasiatischen Archäologie 7. Berlin und New York: de Gruyter, 1987–1990, S. 35–66

Benjamin R. Foster, Akkadian Literature of the Late Period. Guides to the Mesopotamian Textual Record 2. Münster: Ugarit-Verlag, 2007

Zur Geschichte und Kultur Mesopotamiens sei auf die folgenden deutschsprachigen Einführungen verwiesen:

Eva Cancik-Kirschbaum, Die Assyrer. München: Beck, [2]2008

Dietz Otto Edzard, Geschichte Mesopotamiens. Von den Sumerern bis zu Alexander dem Großen. München: Beck, [2]2009

Barthel Hrouda (Hrsg.), Der Alte Orient. Gütersloh: Bertelsmann, 1991

Michael Jursa, Die Babylonier. München: Beck, [2]2008

Manfred Krebernik, Götter und Mythen des Alten Orient. München: Beck, 2012

Gebhard J. Selz, Sumerer und Akkader. München: Beck, [2]2010

Michael P. Streck (Hrsg.), Sprachen des Alten Orients. Darmstadt: Wissenschaftliche Buchgesellschaft 2005

Register

Die Überschriften, Inhaltsangabe (S. 10–18) und Zeittafel (S. 124 f.) sind hier nicht erfasst.